OLIVER ROTH

EARNING BY DOING

So funktionieren die Finanzmärkte.
So verdienen Sie Geld an der Börse.
Strategien und Börsen-Geschichten eines Profis.

Börsenbuchverlag

Covergestaltung: Holger Schiffelholz
Gestaltung und Satz: Jürgen Hetz, denksportler Grafikmanufaktur
Herstellung: Daniela Freitag
Lektorat: Claus Rosenkranz
Korrektorat: Egbert Neumüller
Druck: CPI – Ebner & Spiegel, Ulm

ISBN 978-3-86470-399-7

Die in diesem Buch vorgestellten Strategien und Methoden beruhen auf persönlichen Erfahrungen des Autors und stellen keine allgemeingültigen Tatsachen dar. Ebenso stellt keiner der Inhalte dieses Buchs eine Aufforderung zum Kauf oder Verkauf von Wertpapieren dar.

Bibliografische Information der Deutschen Nationalbibliothek:
Die Deutsche Nationalbibliothek verzeichnet diese Publikation in der Deutschen Nationalbibliografie; detaillierte bibliografische Daten sind im Internet über <http://dnb.d-nb.de> abrufbar.

BÖRSEN MEDIEN
AKTIENGESELLSCHAFT

Postfach 1449 • 95305 Kulmbach
Tel: +49 9221 9051-0 • Fax: +49 9221 9051-4444
E-Mail: buecher@boersenmedien.de
www.boersenbuchverlag.de
www.facebook.com/boersenbuchverlag

INHALT

Ich widme dieses Buch
meiner geliebten Großmutter
Emmi Reusswig

VORWORT

Als Einstein nach seinem Tod in den Himmel kam, wurde ihm ein Zimmer zugewiesen, das er mit drei weiteren Personen teilen sollte. Da er sich Sorgen machte, wie er in seiner neuen Heimat die Zeit verbringen würde, fragte er seinen ersten Zimmergenossen, wie hoch dessen IQ sei. „160" lautete die Antwort. Worauf Einstein erleichtert erwiderte: „Schön, dann können wir ja ein paar Hauptprobleme meiner Theorien erörtern, die ich auf Erden nicht mehr lösen konnte." Auch an seinen zweiten Zimmergenossen richtete er die Frage nach dessen Intelligenzquotienten. Als dessen Antwort „120" war, meinte Einstein sehr zufrieden, dass man ja immer über ein paar mathematische Details seiner irdischen Arbeiten diskutieren könne. Der dritte Zimmergenosse gab dagegen zur Antwort, dass sein IQ „nur 80" sei. Besorgt dachte Einstein eine Zeit lang nach, bis sich sein Gesicht aufhellte und er den „IQ-80"-Mann fragte: „Na, wie läuft's denn so an der Börse?"

Ich will Ihnen mit diesem Buch die Angst und die Ehrfurcht nehmen, die Begriffe wie „Börse", „Aktien" oder „Finanzmärkte" immer noch bei vielen Menschen – gerade in Deutschland – auslösen. An der Börse und an den Finanzmärkten werden keine Geheimwissenschaften praktiziert, die nur wenige ausgebuffte Profis verstehen. Das Gegenteil ist richtig: Börse und Aktiengeschäfte sind für jeden von uns lern- und verstehbar. Ich arbeite seit 25 Jahren an der Börse und hatte zum Start sicher nicht mehr Ahnung von diesem Thema als Sie, liebe Leser. Und wenn ich das gelernt habe, dann können Sie das auch. Sie brauchen dafür kein Hochschulstudium in Oxford oder Harvard. Was Sie brauchen, ist: das Handwerk erlernen und begreifen, wie man daraus eine Kunst macht!

Es kommt darauf an, die Abläufe und Verbindungen der Finanzwelt zu verstehen (das ist das Handwerk) und später das Wissen effektiv und kreativ zu nutzen (das ist die Kunst). Wichtig dabei ist, den Gesamtüberblick zu behalten. Nehmen Sie sich die Zeit, etwas

Abstand zum Gesamtbild zu halten. Neudeutsch heißt das: Zoomen Sie heraus und erfassen Sie die Zusammenhänge aus der Distanz. Ein bisschen gesunder Menschenverstand ist auch nicht hinderlich und Sie werden sehen: Es funktioniert!

Jeder kann lernen, sein Geld zu managen und zu vermehren. Sie glauben das nicht? Nehmen Sie mich als Beispiel. Ich war als junger Mann ein Fußballprofi, der für Borussia Dortmund in der Ersten Bundesliga und für Kickers Offenbach in der Zweiten Bundesliga spielte. Viele Menschen verbinden mit dem Begriff „Fußballprofi" die Vorstellung: Das ist einer, der in jungen Jahren viel zu viel Geld verdient, in Diskotheken die Mädels klarmacht und einen Ferrari in der Garage hat. Der leider viel zu früh verstorbene und ehemalige „Europas Fußballer des Jahres" George Best vom englischen Spitzenklub Manchester United hat das Klischee in einem Interview folgendermaßen auf den Punkt gebracht, als er gefragt wurde, wo denn seine Millionen geblieben seien: „Die eine Hälfte meines Geldes habe ich versoffen, mit hübschen Frauen und mit schnellen Autos durchgebracht. Und die andere Hälfte habe ich verprasst."

Ich habe es anders gemacht als George Best und bin vom Rasen aufs Börsenparkett gewechselt. Mein Leben war kein geradliniger Weg – sowohl im Fußball wie an der Börse –, sondern gepflastert mit Siegen, aber auch mit Niederlagen. Ich habe das Handwerk und später die Kunst des Börsenhändlers von der Pike auf erlernt. Inzwischen treffe ich täglich Investment-Entscheidungen in Millionenhöhe – und liege dabei wesentlich öfter richtig als falsch. Fehler macht jedoch jeder. Das Entscheidende ist, wie man mit Fehlern umgeht. Lernt man daraus oder redet man sie sich nur schön? Fehler zu machen ist keine Katastrophe. Sie sind eine Erkenntnisquelle, wie man es später besser und richtig machen kann. Auch das werde ich Ihnen in diesem Buch mit praktischen Beispielen vor Augen führen.

Ich gebe Ihnen einen persönlichen Leitfaden an die Hand, um die Geheimnisse der Finanzwelt zu enträtseln. Er wird Ihnen – mit einfachen Worten – zeigen, dass erfolgreiches Investment keine Zauberei ist, sondern auf solidem Wissen und gesundem Menschenverstand beruht, dass man dafür aber auch die großen Zusammenhänge verstehen sollte! Noch etwas: Ich will Ihnen zeigen, dass ein Buch über die Börse kein langweiliger Theorie-Wälzer sein muss, sondern sehr spannend und unterhaltsam sein kann.

Eines noch vorweg: Grundkenntnisse in hessischer Mundart könnten im Verlauf des Buchs von Vorteil für Sie sein.

„Erfolg an der Börse ist keine Wissenschaft, sondern Kunst." Dieses Zitat stammt von dem legendären Finanzprofi André Kostolany. Und der berühmte Maler Pablo Picasso meinte einst: „Jede Kunst basiert auf handwerklichem Können."

Ich werde Ihnen auf den folgenden 200 Seiten beweisen, dass das geht. Und vor allem: wie das geht!

Ich möchte mich sehr herzlich bei allen bedanken, die mir bei der Entstehung dieses Buches mit Rat und Tat zur Seite gestanden haben. Hier sind vor allem Rudolf Schröck und die Verlagsmitarbeiter zu nennen. Ich bedanke mich ebenfalls ganz besonders bei meiner Familie, die großes Verständnis aufgebracht hat und mich oft entbehren musste, wenn ich in den letzten Monaten immer wieder stundenlang in meinem Büro verschwand, um an diesem Projekt zu arbeiten. Außerdem möchte ich mich bei meiner Grundschullehrerin Renate Di Miquel bedanken, die in den ersten Jahren meiner schulischen Laufbahn außerordentlich großes Verständnis aufbrachte und mich trotz mehrfachen unentschuldigten Fernbleibens immer wieder bereitwillig und einfühlsam aufnahm und mich weiter auf das Leben vorbereitete.

Viel Spaß beim Lesen

Ihr Oliver Roth
Frankfurt am Main, April 2015

KAPITEL 1

VOM RASEN AUFS BÖRSENPARKETT

Am 1. August 1989 betrat ich zum ersten Mal das Parkett der Frankfurter Börse. Ich war ein junger Kerl von gerade einmal 21 Jahren. Von Börse und Wirtschaft verstand ich damals so viel wie „en Hahn vom Eier leesche", wie die Frankfurter gerne sagen. Ich hatte gerade meine kaufmännische Ausbildung erfolgreich absolviert und dazu ein Jahr als professioneller Fußballspieler hinter mir. Nun wollte ich neu durchstarten.

Ehrfürchtig betrat ich an diesem sonnigen Dienstagvormittag das Börsengebäude im Zentrum Frankfurts durch einen Seiteneingang, da der Handelssaal zu dieser Zeit gerade renoviert wurde. Das war auch nötig. Die Aktienbörse hatte in den Jahren zuvor in Deutschland massiv an Aufmerksamkeit hinzugewinnen können. Sowohl Investoren als auch die breite Öffentlichkeit nahmen deutlich reger Anteil an den Ereignissen der Finanzwelt. Die Umsätze waren dadurch deutlich gestiegen. Mehr Umsatz bedeutete damals auch mehr Arbeit, und die musste von immer mehr Menschen erledigt werden. Bis zu 1.500 betraten damals täglich durch diesen Seiteneingang das imposante Gebäude aus dem späten 19. Jahrhundert. Die Frankfurter Industrie- und Handelskammer (IHK) war damals Hausherr und gleichzeitig der Träger der Frankfurter Aktienbörse (nicht wie heute die Deutsche Börse AG) und somit verantwortlich für den Ausbau und die Modernisierung des Frankfurter Parketts. Und dieser Umbau war längst überfällig, denn immer mehr Händler, Makler und deren Assistenten fluteten zu den Öffnungszeiten zwischen 11:30 Uhr und 13:30 Uhr die Börse. Ja, Sie lesen richtig! Der Handel an der Frankfurter Börse dauerte damals lediglich zwei Stunden. Jetzt verstehen Sie auch, weshalb wir „alten Säcke" immer von den guten alten Zeiten sprechen. Heute sind Wertpapiere weltweit rund um die Uhr handelbar, in Frankfurt von 8 bis 20 Uhr. Immer schneller, höher, weiter heißt es heute. Wann ist damit Schluss? Doch dazu kommen wir später. Jedenfalls war die Börse in jener Zeit vor allem durch zwei Ereignisse stark in das öffentliche Interesse gerückt.

Knapp zwei Jahre zuvor hatte ein Crash die Finanzwelt kräftig durcheinandergewirbelt. Am Schwarzen Montag, dem 19. Oktober 1987, kam es zum ersten großen Börsencrash nach 1929. Der amerikanische Aktienindex Dow Jones (Index = Fieberthermometer für Börsenkurse) fiel innerhalb eines Tages um über 22 Prozent (508 Punkte), was den größten prozentualen Einbruch innerhalb eines Tages in dessen Geschichte darstellt. Alle wichtigen internationalen Börsen gerieten ebenfalls in diesen Abwärtsstrudel. Bis Ende Oktober waren die Kurse fast aller großen Börsen zwischen 25 und 45 Prozent eingebrochen. Es liest sich leicht darüber hinweg, doch machen wir uns noch einmal klar, was das bedeutet: Einige Unternehmen hatten innerhalb weniger Tage fast die Hälfte ihres Wertes an der Börse eingebüßt. Allein in den ersten Handelsminuten der Börsensitzung jenes Tages wurden 800 Milliarden US-Dollar vernichtet. In Deutschland hatten die 80er-Jahre den Aktionären zunächst einen satten Verdienst von bis zu 193 Prozent gebracht. Das schien bis auf die Profis niemanden zu interessieren. Doch nun, da auch deutsche Aktien im Crash kräftig an Wert verloren, gab es nur noch ein Thema in den Gazetten. Über die Gründe für den Crash werden auch heute noch Doktorarbeiten geschrieben, aber nichts und niemand konnte ihn bisher schlüssig erklären. Jedenfalls war dieser Crash „das Thema" der Medien. Im Vor-Internetzeitalter hieß das: Fernsehen, Radio und Tageszeitungen. Die Presse entdeckte die Börsenberichterstattung als Geschäftsfeld für sich. Erste Radio- und TV-Sendungen wurden live und regelmäßig vom Parkett aus gesendet. Somit führte ein negatives Ereignis dazu, dass die deutsche Öffentlichkeit auf die Börse aufmerksam wurde. Allerdings nahm die breite Masse meist nur die Rolle des Zuschauers ein. Vielen Anlegern versetzte der große Crash von 1987 aber einen schweren Schock, dessen Wirkung erst 15 Monate später wieder nachließ, als sich die Börsenpreise vollständig auf das Vorcrash-Niveau erholt hatten.

Das zweite Ereignis, das durch den Crash erst besonders interessant wurde und für viel Furore sorgte, kam aus einer ganz anderen Richtung. Es galt als das Medienereignis des Jahres 1987, das die Finanzwelt in das Licht der Öffentlichkeit rückte – wenn auch in ein recht schlechtes Licht: „Wall Street", ein Film über einen skrupellosen Börsenmakler, der die Gier zu seiner Doktrin erhoben hatte. „Die Gier", so der windige Titelheld Gordon Gekko, „ist gut und gesund!" Der Film war eine radikale Kritik am Turbo-Kapitalismus der 80er-Jahre, an der von US-Präsident Ronald Reagan geprägten amerikanischen Wirtschaftspolitik. Reagan säte durch seine Politik der geringeren Kontrolle der Finanzmärkte auch die Saat für die „Mutter aller Finanzkrisen" 30 Jahre später. Der Film mit Michael Douglas und Charlie Sheen in den Hauptrollen setzte damals neue Maßstäbe und Millionen von Menschen wurden auf das Thema „Börse" aufmerksam. Damit war die Börse „hip", auch wenn die meisten Menschen nicht verstanden, was dort vor sich geht. So ging es auch mir, der den Film zwar gesehen, aber viele Details dennoch nicht begriffen hatte. Es blieben viele Fragezeichen.

Das war auch kein Wunder. Die Börse war mir gänzlich unbekannt und ich hatte überhaupt keine Ahnung von den Abläufen und Mechanismen. Meine Investmenterfahrungen beschränkten sich auf zwei Lebensversicherungen, die ich bei einem Freund abgeschlossen hatte, weil er meinte, das müsse man haben. Das reichte mir als Begründung völlig aus. An mehr als an etwas Altersvorsorge dachte ich damals nicht. Ich wollte Geld verdienen, um es auszugeben.

Aufgewachsen in einem Vorort von Frankfurt, hatte ich in einer unbeschwerten und glücklichen Jugend das Talent zum Fußballspieler entwickelt. Ich wurde in eine Fußballer-Familie hineingeboren. Mein Vater kickte in der zweiten Mannschaft von Germania Enkheim, meine Oma wusch die Trikots des Teams. Auch mein Bruder spielte Fußball und ging erfolgreich auf Torjagd. Und so erwachte das Interesse an dem Spiel mit dem Ball auch bei mir. Schon früh war mir klar, dass Profifußballer mein Berufsziel war. Damit wollte ich in die Fußstapfen der Idole meiner Zeit treten. Gerd Müller, der „Bomber der Nation", war mein Vorbild und ich spielte Fußball von früh an mit großer Leidenschaft und Entschlossenheit. Über den FSV Bergen und den FSV Frankfurt verfolgte ich schon in der Jugend mein Ziel mit großer Beharrlichkeit und wurde schließlich im Sommer 1988 von mehreren Profiklubs zum Probetraining eingeladen. Als Kandidaten für ein Engagement waren zum Schluss Fortuna Düsseldorf, der FC Homburg und Borussia Dortmund in der engeren Auswahl verblieben. Ich entschied mich schließlich mit Borussia Dortmund für den größten und bekanntesten der Interessenten und unterschrieb im Mai 1988 einen Zweijahresvertrag bei den Westfalen. Endlich Profifußballer! Doch im Nachhinein kommt es mir ein wenig wie bei den großen Liebesfilmen Hollywoods vor, wenn mit Hochzeit und Happy End der zwei Stunden lange Film in ein romantisches „Grande Finale" mündet. Leider ist es aber kein Geheimnis, dass oftmals dann erst die wirkliche Herausforderung beginnt und alles in Enttäuschung münden kann. Das traf auch in meinem Fall zu, denn die Frustration folgte auf dem Fuße. Zwar durfte ich mit dem BVB gleich im ersten Jahr meiner Profikarriere den DFB-Pokalsieg in Berlin feiern, aber für mich persönlich blieb der große Durchbruch aus. Dafür gab es verschiedene Ursachen. Zusammengefasst könnte man „Naivität" als Hauptgrund nennen. Den sportlichen Anforderungen war ich noch am ehesten gewachsen. Auf den immensen psychischen Druck war ich jedoch nicht vorbereitet. Ich hatte Fußball bis dahin als Mannschaftssport verstanden und mit großer Leidenschaft als Teamplayer agiert. Meine Mitspieler waren meine Freunde, der Gegenspieler war mein Feind. Im Profigeschäft musste ich jedoch schnell lernen, dass der Feind sich oft in den eigenen Reihen verbirgt. Es ging den meisten Mitspielern in erster Linie um die Sicherung ihrer Position – den Ausbau der „Ich-AG", den besten Platz an den Fleischtöpfen, die nächste Prämie, die lukrativsten Autogrammstunden. Und die Pressekontakte mussten so gepflegt werden, dass Bestnoten in der Zeitung standen. Diese Entwicklung folgt nachvollziehbaren Gesetzen, denn im Profifußball steht einfach zu viel auf dem Spiel. So gut wie jeder Fußballer setzt alles auf eine Karte. Die meisten werden direkt nach der Schule Profispieler. Ohne Berufsausbildung und selten mit höherem Schulabschluss sind sie auf Gedeih und Verderb zum Erfolg im Fußballsport verdammt. Jeder, der diesem Ziel im Wege steht, wird „weggegrätscht". Zumindest in meinem Team verhielt es sich so. Die Folge war, dass ich mit der Zeit die Lust am Fußball verlor und meine Leistungskurve steil nach unten zeigte. Im Winter 1988 war ich so unglücklich in Dortmund, dass sich mir die Frage über meine Zukunft aufdrängte. Ich motivierte mich im Urlaub auf Gran Canaria noch einmal für die anstehende Vorbereitungsphase auf die Rückrunde in der 1. Bundesliga. Doch bereits im März 1989 musste ich mir eingestehen, dass mein Cheftrainer Horst Köppel und ich niemals dicke Freunde werden würden. So beschloss ich im Sommer 1989, zu neuen Ufern aufzubrechen. Die Frage lautete: Sollte ich im Sport bleiben oder einen völligen Neuanfang wagen? Durch Vermittlung meines Mannschaftskameraden Michael Rummenigge, dem Bruder des heutigen Bayern-Bosses Karl-Heinz Rummenigge, bot mir der FC Schalke 04, ebenfalls ein Verein mit großer Tradition, Vertragsgespräche an. Der Verein spielte damals zwar nur in der 2. Liga, punktete aber mit einer riesigen Fankultur und europaweit großem Ansehen. (Die Dortmunder Fans mögen mir diese Aussage verzeihen.) Da sich die Gespräche mit Schalke 04 hinzogen, entschied ich mich, nach nur einem Jahr in Dortmund wieder nach Frankfurt zurückzukehren. Eine kaufmännische Berufsausbildung hatte ich abgeschlossen und jetzt suchte ich sowohl sportlich als auch beruflich eine neue Herausforderung. Mir war klar geworden, dass Fußball zwar meine große Leidenschaft ist, mich das allein aber nicht zufriedenstellte. Dies ist bis heute so geblieben. Die neue Herausforderung fand ich durch einen Mann, der mich beruflich und persönlich nachhaltig prägen sollte. Der Börsenmakler Wolfgang Steubing stellte mich in seinem Unternehmen ein und brachte mir in den folgenden Jahren das Börsen-ABC bei.

Ich lernte Wolfgang Steubing im Frühjahr 1989 kennen. Dragoslav Stepanović, der legendäre Trainer von Eintracht Frankfurt – fast unsterblich berühmt geworden durch sein Zitat (nach verlorener Deutscher Meisterschaft 1992): „Lebbe geht weider!" –, machte uns miteinander bekannt. Steubing hatte sein eigenes Börsenmaklerbüro kurz zuvor gegründet und war auf der Suche nach jungen, hungrigen Mitarbeitern, die er unter seinen privaten Kontakten rekrutierte. Steubing war archetypisch für die Börsenmakler seiner Zeit. Ein Patriarch – dominant, rustikal, aber mit einem großen Herz. Bei einer renommierten Bank hatte er seine Karriere an der Börse begonnen, mit einer Erbschaft sein Vermögen vermehrt und sich an der Frankfurter Börse selbstständig gemacht. Diese wurde damals von Banken und staatlich geprüften Kursmaklern beherrscht. Die Kursmakler wurden vom Wirtschaftsministerium in Wiesbaden vereidigt und hatten die Funktion, täglich Preise festzustellen. Zu diesen Preisen konnten Anleger Aktien und Anleihen kaufen und verkaufen. Sie müssen sich das ungefähr so vorstellen, als würde eine selbstständige Preispolizei auf dem Obst- und Gemüsemarkt bestimmen, was der faire Preis für das Kilo Bananen oder das Kilo Tomaten ist. Die Kursmakler an der Börse erhielten eine Gebühr vom Anleger und lebten wie die „Made im Speck". Täglich flossen so Millionen D-Mark über die „Schranken" (die Geschäftstheken im großen Saal der Börse) in die Taschen der Makler – völlig ohne Risiko. Sie hatten eine Monopolstellung, alles musste über die Kursmakler laufen, jeder Kauf und Verkauf an der Börse. Die Orders der Anleger gelangten über die Banken an die Börse, aber nicht online, wie es heute der Fall ist, sondern per Telefax und Telefon. So musste jede Order per Hand zum

Kursmakler an die „Schranke“ getragen werden. Sie können sich vorstellen, dass diese Form der Übertragung sehr personalintensiv war, da täglich Tausende Orders zunächst aufzunehmen und anschließend zu Fuß an die Kursmakler zu verteilen waren. Die Banken konnten und wollten nicht so viel Personal einstellen, um die Summe aller Orders, die täglich an der Börse aufgegeben wurden, zu bewältigen. Deshalb gründeten sich Mitte der 80er-Jahre nach und nach neue Maklerfirmen, sogenannte Freimakler, welche die zusätzlichen Orders abfertigten. Die Chefs der Kursmakler- und Freimakler-Firmen waren in der Regel ehemalige Bankmitarbeiter: Börsenhändler – meist stattliche Männer und mit großem Appetit in allen Bereichen des Lebens gesegnet, ob es sich nun um Geld, Frauen, kulinarische Leckereien oder Partys handelte. Die meisten Makler nahmen sich vom Leben, was sie bekommen konnten. Oft waren sie übergewichtig, über 40 Jahre alt und steinreich. Vor allem letztere Tatsache lockte immer wieder Nachwuchs an die Börse, junge Männer, die ihren Teil vom Kuchen abhaben wollten, und Frauen, die – durch Arbeit oder Heirat – ebenfalls reich werden wollten. Es kam vor, dass ein Makler seine junge neue Flamme beeindrucken wollte, indem er sie in die Oper und zuvor zum Italiener einlud. Nichts Ungewöhnliches, werden Sie jetzt denken! Die Realität sah aber recht luxuriös aus. Die junge Dame wurde nachmittags mit einer Limousine abgeholt und zum Privatflughafen südlich von Frankfurt gebracht. Im Learjet ging es dann nach Mailand, zunächst ins Nobelrestaurant gegenüber der Scala und anschließend in Verdis „La Traviata“ mit Starbesetzung auf der Bühne und am Dirigentenpult. Und wenn der Vorhang fiel, fielen meist auch die Hemmungen. Gegen drei Uhr nachts ging es im Jet zurück nach Frankfurt. Diese intensiven Eindrücke waren für die jungen Damen sicherlich in mehrfacher Hinsicht prägend.

An der Börse herrschte jedoch ein strenger Ehrenkodex. Er war der Tatsache geschuldet, dass die Geschäfte größtenteils mündlich abgeschlossen wurden. Es galt also das Wort des anderen. Man musste sich auf das Wort verlassen können. Auch wenn in unserer anonymisierten Gesellschaft für viele das gesprochene Wort nichts mehr zählt, funktionierte dieses System an der Börse jahrhundertelang meist reibungslos. Zu Missverständnissen konnte es natürlich auch kommen. Wenn man mit 25 Kollegen im Pulk vor der „Schranke" von Mercedes stand und permanent mit Handzeichen versuchte, sich „Gehör" in dem Durcheinander zu verschaffen, passierte es manchmal, dass jemand die gehandelten Aktien oder Preise falsch verstand oder ins Buch notierte. Dann musste man sich am nächsten Tag gemeinsam einigen. Meist teilte man sich das Risiko, sodass jeder einen Teil des Schadens tragen musste. Bis heute gilt deshalb bei mir und meinen alten Kollegen das Wort genauso viel wie ein schriftlicher Vertrag, vielleicht sogar noch mehr. Die folgende kleine und wahre Anekdote illustriert, wie ernst das Wort damals genommen wurde. An der Börse wurde gerne gewettet – und zwar nicht nur beruflich, sondern gerne auch privat. Von der Gesamtanzahl der Kurse einer bestimmten Aktie über den Schlussstand im DAX bis hin zu umgefallenen Fahrrädern in Peking wurde einfach alles als Wette angeboten. Erzielte Fußballtore einer Bundesliga-Saison waren als Wette besonders beliebt. Und genau mit dieser Art von Torwette brachte sich ein Händler einer großen deutschen Bank 1992 um seinen Job. Er meinte nämlich, mehrere private Wetten mit Börsenkollegen abschließen zu müssen. Dabei ging um die Frage, wie viele Tore am Saisonende in der Fußballbundesliga gefallen sein werden. Pro Tor setzte man 500 DM fest. Herr R. wettete, dass in der Saison 1991/92 nicht mehr als 750 Tore fallen würden. Für jedes Tor weniger würde er 500 DM erhalten, für jedes mehr geschossene Tor müsste er 500 DM zahlen. Was der Schlaumeier aber vergessen hatte, war, dass aufgrund der Wiedervereinigung Deutschlands die Bundesliga um zwei Ost-Vereine auf 20 Teams aufgestockt wurde: Dynamo Dresden und Hansa Rostock, den Meister und den Vizemeister der DDR-Oberliga. Mehr Teams bedeuteten mehr Spiele und mehr Tore. Als zehn Spieltage vor Schluss die Marke von 750 erzielten Toren fiel, war bereits klar, dass der Börsenhändler blechen würde. Am Ende der Saison wurden exakt 994 Tore erzielt und Herr R. musste den Kollegen 122.000 DM zahlen. Die Geschichte hat aber noch eine Pointe. Da der Händler nicht zahlen konnte, sprang die Bank ein und zahlte die volle Summe an die anderen Händler aus. Herr R. wurde nach kurzer Zeit freigestellt mit der Begründung, dass der gute Ruf der Bank keinen Schaden nehmen dürfe und dass das Wort eines Händlers der Bank immer gelten müsse.

Die Makler leiteten ihre Unternehmen meist sehr autoritär. Die Führungsstrukturen sind nur mit „sehr zentralistisch" zu beschreiben. Der Chef hatte immer recht. Makler waren Patriarchen. Geld verdienen war Job und Hobby zugleich. Sie konnten sehr unangenehm werden, wenn sie unzufrieden mit den Leistungen der Mitarbeiter waren – vor allem nach einer durchzechten Nacht, wenn die Chefs mit dickem Kopf am späten Vormittag ins Büro stolperten. Aber auch väterliche Instinkte für die Mitarbeiter traten offen zutage, besonders bei meinem Förderer Wolfgang Steubing. Er sorgte sich immer wieder um die privaten Belange und Sorgen seiner oft sehr jungen Zöglinge. So konnte man beispielsweise im Falle einer ehelichen Trennung oder eines persönlichen Engpasses auf die finanzielle Unterstützung der Firma hoffen. Die gut betuchten Makler suchten sich oft darüber hinaus noch weitere Betätigungsfelder und Spielwiesen für ihre üppige Freizeit. So wurden einige zu Mäzenen, Oldtimersammlern, Schuhladenbesitzern – oder semiprofessionellen Karaokesängern.

Wolfgang Steubing war neben der Börse im Fußball engagiert. Als Präsident des Fußballklubs Rot-Weiß Frankfurt hatte er ebenfalls große Erfolge vorzuweisen. Unter der Führung von Steubing und seinen Freunden schafften es die „Roten" Ende der 1980er-

Jahre fast bis in die 2. Fußballbundesliga. Auch ich kam über den Sport mit ihm in Kontakt, als er mich für seinen Verein gewinnen wollte. Nach längeren Gesprächen entschied ich mich letztlich für Rot-Weiß Frankfurt. Da der Verein aber nur im Amateurlager spielte, blieb für mich die berufliche Zukunft das Wichtigste. Ich hatte ursprünglich vorgehabt, bei einer Werbeagentur in Bad Homburg anzuheuern. Es wäre eine weitere Lehre über dreieinhalb Jahre auf mich zugekommen. Die Dauer der Ausbildung schreckte mich ab und der Verdienst als Auszubildender hätte mich auch nicht vor Freude weinen lassen. Also beschloss ich, einen anderen Weg zu gehen. Wolfgang Steubing und ich hatten uns in der Zwischenzeit bereits so gut kennen- und schätzen gelernt, dass er mir das Angebot unterbreitete, in seiner Maklerfirma an der Börse zu beginnen.

So kam es, dass ich im August 1989 zum ersten Mal das Parkett der Frankfurter Börse betrat. Seitdem hat sich einiges getan. Ich arbeite „seit 25 Jahren und zehn Kilo“ an der Börse. In der Zwischenzeit hat sich viel mehr an der Börse verändert als mein Gewicht und die ergrauten Haare – und nicht alles zum Besseren, aber darauf kommen wir noch zu sprechen.

KAPITEL 2

BÖRSIANISCH FÜR ANFÄNGER

„Die aktuelle Analyse der Stimmung am Primärmarkt zeichnet eigentlich ein positives Szenario. Zwar ist die Volatilität wieder leicht gestiegen und das wahrgenommene Underpricing leicht zurückgegangen, allerdings stützen die auf längerfristige Sicht durchschnittlich hohen Börsenpreise und ein stabiles IPO-Klima die Stimmung am Primärmarkt …"

Kennen sie ein hessisches Fragewort mit drei Buchstaben? Ganz einfach: „Häh?" Bei meinen Recherchen zu diesem Buch fiel mir auf, wie kompliziert und unverständlich die Börsen- und Finanzwelt in den Medien dargestellt wird. Spezialisten und vermeintliche Experten, Medienvertreter und Wissenschaftler versuchen ihre Analysen und Meinungen durch Fachchinesisch wichtiger klingen zu lassen, als sie es in Wirklichkeit sind. Sie verwissenschaftlichen und theoretisieren die Börse. Ich sehe diese wichtigen Herren (und im Übrigen kaum Damen) täglich an mir vorbeistolzieren, wenn sie auf dem Weg zu Interviews für Radio oder Fernsehen sind – und immer eine Entourage von zwei bis drei Assistenten im Schlepptau. Je mehr Assistenten, desto wichtiger fühlen sich diese Herren, getreu dem Motto: „Einer schafft nix und die annern helfe ihm debei." Das Thema „Finanzen und Wirtschaft" ist für viele Bürger auch gerade deshalb so trocken, weil es so unglaublich langweilig erklärt wird. Ohne Anleger funktioniert die Börse aber nicht. Sie funktioniert nicht ohne Menschen mit Geld, die es anlegen wollen. Deshalb sollte das Ziel der Experten sein, die Börse den Menschen so zu erklären, dass jeder versteht, worum es geht. Konkret: Wir müssen die Menschen abholen! Dann könnte der Textausschnitt vom Beginn dieses Kapitels folgendermaßen lauten:

„Die Stimmung ist für Firmen, die an der Börse Geld einsammeln wollen, aktuell gut.

Zwar sind die Anleger zuletzt wieder etwas unruhiger geworden, aber noch sind die Börsenpreise hoch und die Stimmung der Anleger ist grundsätzlich positiv. Deshalb stehen die Chancen gut für interessierte Firmen, die sich an der Börse Geld besorgen wollen."

Die Welt der Börsen erscheint den meisten von Ihnen äußerst kompliziert, deshalb sollte man es durch eine unverständliche Sprache nicht noch komplizierter machen. Aus diesem Grund möchte ich Ihnen *mit einfachen Worten* die Welt der Börse und die Welt der Finanzen näherbringen. Und glauben Sie mir, diese Welt ist näher, als Sie denken – gleichzeitig ist diese Welt absolut durchschaubar! Es geht an der Börse zu wie im normalen Laben. Wie in den meisten Familien gibt es auch hier Freundschaften und Ränkespiele, Liebe und Verrat, Enttäuschungen und Überraschungen – und recht viel Langeweile zwischendurch. Wenn man also neben Geld verdienen auch gute Geschichten liebt, ist man an der Börse richtig. Nur müssen Sie auch dranbleiben und sollten sich keine langen Pausen gönnen, sonst verlieren Sie den Anschluss und Ihr Interesse erlahmt. Damit das nicht geschieht, müssen Sie die wichtigsten Begriffe der Finanzwelt kennenlernen, weil die meisten Experten Fachchinesisch reden – und dies von Hörfunk, Zeitungen und Fernsehen auch noch gefordert (und sehr gut bezahlt) wird! Deshalb gebe ich Ihnen in diesem Kapitel die Gelegenheit, ihre Sprachkenntnisse zu verbessern. Also: Börsianisch von A bis Z.

AKTIEN: Beteiligungsscheine an einem Unternehmen. Der Inhaber ist Mitbesitzer einer Aktiengesellschaft – mit allen Rechten und Pflichten eines Unternehmers. Gewinne werden als Dividende ausgeschüttet und auf der Eigentümer-Hauptversammlung darf mitbestimmt werden. Aber: Für Verluste haftet man mit der gesamten Geldanlage – heißt im schlimmsten

Fall: Firma pleite, Geld weg! Aktien sind sexy, weil sie die beste Anlageform der Nachkriegszeit darstellen.

AKTIENBÖRSE: In erster Linie ein Ort, an dem sich Menschen, die kein Geld, aber eine gute Idee haben, mit Menschen treffen, bei denen es genau umgekehrt ist. Die Börse ist ein Markt(platz) wie der Wochenmarkt, auf dem statt Gemüse, Brot oder Käse eben Aktien zu kaufen sind. An unterschiedlichen Ständen können dort Unternehmen aus aller Welt gehandelt werden. Die Preise heißen Kurse und die Händler heißen an der Frankfurter Börse „Spezialisten".

ANLEIHEN: Auch (englisch) Bonds genannt. Wie das Wort schon sagt, leiht hier der Anleger einem Emittenten (Land, Unternehmen, Gemeinde) für eine festgelegte Zeit Geld und erhält dafür Zinsen. Auch hier gilt: Kreditnehmer pleite, Geld weg! Je sicherer die Kreditwürdigkeit des Kreditnehmers (Emittenten), desto weniger Zinsen muss dieser zahlen – und umgekehrt. In Hochzinsphasen ebenfalls sexy für Sie als Anleger.

BAISSE: Das Gegenteil der Hausse. Langfristige Abwärtsbewegung der Kurse an der Börse. Durchschnittlich dauert sie ein bis drei Jahre. Die Baisse – also der Abschwung an der Börse – wird symbolisiert durch den Bären, der mit seinen Tatzen die Kurse drückt. Bären werden auch Händler genannt, die auf fallende Kurse setzen.

BRIEFKURS: Die Kurzform des Börsianers für den Preis, zu dem er zu verkaufen bereit ist. Es ist der Verkaufspreis für ein Investment. Konkret: Wenn ich einen Apfel verkaufen möchte, bin ich „0,90 Euro Brief".

CHARTANALYSE: Die Technische Analyse (auch Charttechnik) ist eine Form der Finanzanalyse. Sie versucht aus der Kurs- und Umsatzvergangenheit günstige Kauf- und Verkaufszeitpunkte zu ermitteln, also die Kursentwicklung vorherzusagen. Dabei werden nach unten Unterstützungspunkte und nach oben Widerstände des Kursverlaufs bestimmt. Die Börse reagiert immer wieder auf derartige Analysen. Ob zuerst das Ei oder die Henne da war, bleibt bis heute die große Frage. Oft machen Anhänger dieser Pseudowissenschaft auf wichtig.

DEFLATION: Die Preise sinken und sinken und diese Spirale dreht sich immer schneller. Das Geld wird mehr wert. Was sich für einige nett anhört, ist brandgefährlich für uns alle. Sinkende Preise, sinkende Käufe, sinkende Einnahmen der Unternehmen, sinkende Investitionen, Kostendruck, Entlassungen, Schließungen, Arbeitslosigkeit … Es ist wie das Ebola-Virus. Erst einmal infiziert, ist schnelle Heilung eher unwahrscheinlich. Schreckgespenst der Politik und der Notenbanken.

DERIVATE: Dies ist die Welt der Wetten. Auch „Massenvernichtungswaffen der Finanzbranche" genannt. Ursprünglich zum Absichern von Risiken für den Handel gedacht, haben sich diese Wetten verselbstständigt und dienen nun vielen Zockern als Spielwiese. Der Markt dafür beträgt das Zehnfache des Weltwirtschaftsprodukts: Mit 550 Billionen US-Dollar ist er ungefähr zehnmal größer als der Betrag, den die reale Welt pro Jahr erwirtschaftet. Regeln, Gesetze und Kontrollen gibt es in diesem Kasino weltweit so gut wie keine. Sie können auf Aktien und Anleihen genauso Wetten abschließen wie zum Beispiel auf Lebensmittelpreise, Devisenpreise und Zinsen.

DEVISEN: Geld in allen Währungen der Welt. Aufgrund der hohen Schwankungen von Devisen im Verhältnis zueinander werden diese gerne zum Gegenstand von Spekulation und Wetten. Bayern-Boss Uli Hoeneß kann Ihnen davon ein Liedchen singen. Ihm ist dieser Umstand offensichtlich zum Verhängnis geworden.

ETF: (Englisch: „Exchange-Traded Fund") Börsengehandelter Fonds. Diese Fonds werden einmalig zusammengestellt und dann, wie Aktien, an der Börse gehandelt. Die ETFs können beispielsweise den DAX oder bestimmte Edelmetallkörbe abbilden. Im Gegensatz zu Investmentfonds werden sie nicht von Managern aktiv verwaltet. Das spart Kosten, macht aber auch von langfristigen Trends abhängig.

FUNDAMENTALANALYSE: Die Fundamentalanalyse versucht den fairen oder angemessenen Preis von Wertpapieren zu ermitteln. Im Gegensatz zur Chartanalyse basiert sie nicht auf einer Betrachtung von Börsenkursen, sondern auf betriebswirtschaftlichen Daten bezogen auf das wahre Vermögen eines konkreten Unternehmens, den sogenannten Fundamentaldaten. Dazu gehören Immobilien, Grundbesitz, Maschinen et cetera. Aber: Ein Börsenkurs enthält immer auch eine große Portion Fantasie! Sie kann sehr oft wichtiger als nackte Zahlen sein.

GELDKURS: Ist die Kurzform des Börsianers für den Preis, welchen er zu zahlen bereit ist, also der Kaufpreis für ein Investment. Wenn ich einen Apfel kaufen möchte, bin ich „0,80 Euro Geld".

HAUSSE: Langfristige Aufwärtsbewegung der Kurse an der Börse. Durchschnittlich dauert sie drei bis fünf Jahre. Die Hausse – also der Aufschwung – wird symbolisiert durch den Bullen (oder Stier), der mit seinen Hörnern die Kurse anschiebt.

INDEX: Aus dem Lateinischen stammendes Wort für „Verzeichnis" oder „Vergleichsgröße". Im deutschen Aktienindex DAX sind die 30 größten deutschen Unternehmen enthalten und dabei nach Größe unterschiedlich stark gewichtet. Durch dieses „Fieberthermometer" lässt sich der Verlauf eines Börsentags am besten darstellen. Der DAX ist ein Performance-Index. Das bedeutet, dass gezahlte Dividenden in die Berechnung des DAX miteinbezogen werden. Da kommt schon was zusammen. Bei Kurs-Indizes (Plural von „Index") wie dem US-amerikanischen Dow Jones, dem japanischen Nikkei oder dem chinesischen Hang Seng ist das nicht der Fall. Für Rohstoffe, Edelmetalle und andere Anlageklassen gibt es auch Indizes.

INFLATION: Das Gegenteil von Deflation. Durch Inflation (lateinisch Aufblasen) der Geldmenge steigen die Preise und das Geld wird weniger wert. Eine geringe Teuerung durch Inflation von maximal zwei Prozent im Jahr ist von unserer Notenbank und dem Staat gewünscht – damit man weder in die Deflation noch in eine zu starke Inflation (Hyperinflation) abrutscht und somit der Geldwert relativ stabil bleibt.

INVESTMENTFONDS: Eine Kapitalanlagegesellschaft, die von Managern aktiv verwaltet wird. Diese investieren das Geld in Aktien, Anleihen, Rohstoffwetten und anderes. Als Anleger kann man Beteiligungsscheine, auch in kleinen Sparraten, an einer Gesellschaft erwerben und damit an den Gewinnen oder Verlusten beteiligt werden. Im Immobiliensektor gibt es das auch für kleine Beträge. Hier unterscheidet man: **Geschlossene Fonds** haben eine fixe Laufzeit und können erst danach wieder verkauft werden. Anteile **Offener Fonds** können täglich an die Kapitalanlagegesellschaft zurückverkauft werden. Weniger spannend als ETFs, weil sie durch die hohen Gebührenaufschläge teurer sind.

INVESTOREN: Anleger, Investoren, werden jene genannt, die ihr Geld auf lange Sicht anlegen. Der Investor zeichnet sich dadurch aus, dass er das Gekaufte (Aktien, Anleihen, Wetten) lange behält.

IPO: (Englisch: Initial Public Offering) Der Urknall der Börse. Eine Firma geht an die Börse und verkauft einen Teil des Unternehmens an andere. Das nennt man auch den Primärmarkt. Erst im zweiten Schritt werden diese Anteile an der Börse gehandelt. Denn: Wer würde Anteile einer Firma kaufen, wenn er später nicht die Gelegenheit hätte, diese wieder mit Gewinn abzustoßen? Der Handel mit den Anteilen (Aktien) ist das, was Sie unter Börse kennen.

KORRELATION: Sie beschreibt die Wechselbeziehung zwischen mehreren Anlageprodukten. Beispielsweise herrscht zwischen Apple und Samsung eine enge Verbindung, da sie in vielen Bereichen direkte Konkurrenten sind. Wenn also Apple jährliche Verkaufszahlen bekannt gibt, wirken sich diese auch auf den Preis der Samsung-Aktie aus, da man Rückschlüsse auf das ausstehende Ergebnis von Samsung ziehen kann.

KURSE: Ein anderes Wort für Preise an der Börse.

LIMIT: Eine Order an der Börse aufzugeben ist nicht schwer. Man benötigt dazu nur ein Girokonto und ein dazugehöriges Depot. Auf dem Konto wird das Geld abgerechnet und auf dem

Depot wird das Wertpapier gutgeschrieben. Eine Order kann man limitiert oder per Market aufgeben. Der Unterschied: Eine Market-Order wird zum nächsten Preis ausgeführt, eine limitierte Order setzt klare Grenzen. Sie sind damit nur bereit, einen gewissen Preis zu bezahlen, und limitieren so Ihr Risiko.

NOTENBANKEN: Auch Zentralbanken genannt. Sie sind verantwortlich für die Geld- und Währungspolitik. Ziel der Notenbanken ist die Geldwertstabilität, damit das Preisniveau einer Volkswirtschaft nicht oder wenig schwankt. Anders gesagt: Die Notenbank versucht, nur so viel Geld zu drucken, wie die Wirtschaft benötigt – nicht mehr und nicht weniger. Dies ist gegenwärtig in der Europäischen Union (EU) leider nicht der Fall!

ORDER: Kauf- oder Verkaufsauftrag an der Börse. Dieser kann unter anderem limitiert oder Market erfolgen, kann aber auch tages- oder monatsgültig aufgegeben werden.

PORTFOLIO: Das Wort stammt aus dem Lateinischen und bedeutet „eine Sammlung zusammentragen“. In der Finanzwelt bedeutet es die Summe Ihrer Geldanlagen oder Investments.

RENDITE: Eine Rendite beziffert den Gesamterfolg einer Geldanlage. Wenn Sie zum Beispiel 100 Euro einsetzen und zehn Euro Gewinn erhalten, ergibt sich daraus eine Rendite von zehn Prozent. Bei Anleihe-Investments oder Immobilien ist die Rendite schwerer zu errechnen, da hier oft in mehreren Bereichen Geld erwirtschaftet wird, beispielsweise durch Mieteinnahmen und Verkaufserlöse.

SEITWÄRTSBEWEGUNG: Langweilige Börse ohne größere Bewegungen nach unten oder nach oben. Heißt journalistisch:

Der Börsenkorrespondent im Fernsehen hat an solchen Tagen meist keine Ahnung, was er Ihnen heute wieder erzählen soll – entsprechend blumig sind die Kommentare.

SHAREHOLDER VALUE: Ein Prinzip, das ursprünglich aus dem angelsächsischen Raum stammt. Man könnte es als „Wert für den Aktionär" übersetzen. Darin steht das Wohl des Besitzers (oder der Besitzer) eines Unternehmens im Mittelpunkt der Management-Strategie. Da einige Aktionäre eher auf kurzfristige Kurssteigerungen schielen, während das Management den langfristigen Erfolg der Firma verfolgen sollte, kommt es immer wieder zu Auseinandersetzungen zwischen dem Management und kurzfristig orientierten Investoren.

SHORT/LONG: Im Handel muss man permanent kaufen und verkaufen. Der Obsthändler kauft frühmorgens seine Ware im Großhandel, um diese wenig später an den Endkunden auf dem Markt weiterzuverkaufen. Auch im Wertpapierhandel ist das so. Hier kann man allerdings auch Aktien verkaufen, die man noch nicht besitzt. Das nennt man „kurz" oder „short" gehen – im Gegensatz zu „long" gehen, wenn man etwas kauft. „Short" gehen wurde vom Gesetzgeber extrem erschwert und verteufelt. Die Wahrheit ist aber, dass Ihr Autoverkäufer auch „short" geht, wenn Sie Ihr neues Auto bestellen, denn es muss ja erst noch gebaut werden. Er hat es also noch gar nicht, während Sie bereits den Kaufvertrag unterschreiben. Wichtig ist nur, dass die Ware (in diesem Fall Ihr Auto) zum vereinbarten Termin geliefert wird. So ist es auch an der Börse.

SPEKULANTEN: Der Spekulant zeichnet sich dadurch aus, dass er das gekaufte Investment (Aktien, Anleihen, Wetten auf Fußballtore, Wetten auf umgefallene Reissäcke in China et cetera) bereits lange vor Kursverlusten verkauft hat – meistens an Investoren – und nun genug Geld hat, um die Investments viel billiger wieder zurückzukaufen.

VOLATIL: Das Gegenteil der langweiligen Seitwärtsbewegung. Konkret heißt das: Es kommt zu großen und oft schnellen Kursbewegungen. Oft ist eine hohe „Vola" aber einfach nur ein Anzeichen für große Unsicherheit unter den Investoren.

ZERTIFIKATE: Das sind Wetten auf Aktien, die Banken anbieten. Rechtlich gesehen leiht man aber der Bank sein Geld in Form in Form einer Schuldverschreibung. Deshalb gilt auch hier: Kreditnehmer pleite – Geld futsch! Mit Zertifikaten, die zur Anlageklasse „Derivate" gehören, können Privatanleger in unterschiedlicher Weise auf Kursbewegungen zocken. Der Vorteil ist: Man muss weniger Kapital investieren, um Geld mit Aktien zu verdienen. Der Nachteil: Kennen Sie eine Bank, die dauerhaft Geschäfte macht, ohne Geld daran zu verdienen? Die Bank gewinnt (fast) immer!

ZOCKER: Aus unerfindlichen Gründen haben Zocker immer Geld übrig, um noch einkaufen gehen zu können, wenn alle anderen bereits ruiniert sind. Theorien, wonach der finanzielle Verlust der Erfolglosen für die wechselnde Titulierung erfolgreicher Anleger verantwortlich gemacht werden könnte, bleiben unbewiesen.

KAPITEL 3

DIE GRUNDLAGEN DER BÖRSE

Ich höre immer wieder, dass Banker in den jährlich stattfindenden Umfragen zu den beliebtesten Berufsgruppen in Deutschland zu den Top 3 zählen – von unten! Banker können demnach froh sein, dass es Gebrauchtwagenhändler und Berufspolitiker gibt, die noch unpopulärer sind. Beschweren dürfen sich die Banker darüber jedoch nicht. Die Branche „glänzte" in den letzten Jahren mit vielen Skandalen, die teilweise bis in die Spitzenetagen des Bankenmanagements reichten. Ärgerlich ist aber, dass die Medien keine Unterschiede machen und eine gesamte Branche verteufeln. Ob Investmentbanker, Börsianer oder Kreditsachbearbeiter – in den Medien werden sehr oft alle in einen Topf geworfen. Das irritiert und verfälscht die Realität, denn dadurch werden in der öffentlichen Wahrnehmung alle zu halbseidenen Figuren. Das geflügelte Wort, dass Banker Regenschirme bei Sonnenschein verkaufen, um diese bei Regen zurückzufordern, entbehrt nicht jeglicher Grundlage oder Berechtigung. Auch die letzte große Finanzkrise wurde ganz offenkundig durch Bankgeschäfte verursacht. Ursache und Wirkung dürfen aber nicht verwechselt werden und ich werde im Verlauf des Buches noch genauer auf die wahren Gründe und die Verursacher der „Mutter aller Krisen" zu sprechen kommen. Jedenfalls hat Herr Meyer, der nette Mensch von der Sparkasse Quetschenmembach, mit der Verursachung der Finanzkrise genauso viel zu tun gehabt wie Sie, liebe Leser, mit dem Untergang der Titanic.

Auch die Aktienbörse hat die Finanzkrise von 2008 nicht verursacht. Aber es wurde natürlich viel vom „Parkett" in Frankfurt über die Auswirkungen der Krise berichtet. Zu dieser Zeit waren fast mehr Journalisten als Börsianer im großen Handelssaal. Die Bilder der Krise verschmolzen dann im Kopf des Zuschauers: „Finanzkrise = Börse, Börse = Finanzkrise!" So brennen sich Bilder in die Köpfe, die – nüchtern betrachtet – nicht zusammengehören. Dennoch müssen wir festhalten, dass es auch an den Finanzmärkten in Deutschland immer wieder zu Fehlverhalten gekommen ist und auch weiterhin kommt. Das große Geld, das die Börse verheißt, zieht zwielichtige Personen mit teilweise krimineller Energie an, die das schnelle Geld auf Kosten anderer wittern. Doch jeder noch so große Skandal, jedes menschliche oder systemische Versagen darf die glänzende Grundidee der Aktienbörse nicht dauerhaft entwerten: Menschen mit einer guten Idee und wenig Geld kommen dort mit Menschen zusammen, die viel Geld, aber keine guten Ideen haben. Daraus resultiert ein unternehmerischer Urknall. Mit dem frischen Geld werden Projekte entwickelt. Die Unternehmen können die Mittel in Maschinen und neue Fabriken investieren, auch um neue Arbeitsplätze zu schaffen. Erst so entstehen große Firmen mit Weltruf.

Facebook, Apple und Google wären nicht denkbar oder wären nicht halbwegs so bedeutend, wie sie es heute sind – ohne den Gang an die Börse. Auch unsere traditionsreichen deutschen Unternehmen wie Daimler, Siemens oder Bayer wären in unserer globalisierten Welt ohne das Geld der Börse nur halb so erfolgreich. Deshalb sollten in der persönlichen Einschätzung, bei aller begründeten Skepsis gegenüber den Finanzmärkten, eher die Vorteile und Chancen als die Risiken der Börse im Vordergrund stehen.

WAS GESCHIEHT AN DER BÖRSE?

Diese Frage ist eigentlich ganz leicht zu beantworten: Kapital wird mittels Anteilscheinen in Sachwerte eingetauscht. Damit Sie eine solide Grundlage erhalten, um die Geschehnisse an den Finanzmärkten überhaupt verstehen und bewerten zu können, sollten wir uns dem Prinzip eines Marktes und den Ursprüngen der Börse widmen.

Wenn Sie schon einmal auf einem Wochenmarkt waren (mein beliebtes Beispiel!), dann wissen Sie, dass dort viele verschiedene Waren an unterschiedlichen Ständen angeboten werden: Obst und Gemüse gleich zu Beginn, der Brotstand etwas weiter hinten auf der rechten Seite und der Metzger direkt gegenüber. Auch frischer Honig, Käse oder Fisch werden dort verkauft. Wer schon einmal in Hamburg auf dem Fischmarkt gewesen ist, der erinnert sich an die Händler, die ihren Lachs oder Kabeljau lautstark und sehr unterhaltsam den Kunden anbieten. Kurz gesagt: Der Wochenmarkt ist das Angebot von Waren. Fast genauso verhält es sich an der Wertpapierbörse. Verschiedene Wertpapiere werden dort von unterschiedlichen Händlern den Kunden angeboten. In den alten Zeiten, als Personal Computer noch groß wie ein Koffer waren und Handys die Form von Oberschenkelknochen hatten, boten die Makler ihre Aktien und Anleihen sogar ähnlich lautstark wie auf dem Hamburger Fischmarkt an. Das Prinzip lautet jeweils: Kapital wird in Sachwerte eingetauscht.

Nun wird an der Wertpapierbörse doch gekauft und verkauft, werden Sie vielleicht einwenden. Kauf- und Verkaufspreise sieht man an den altmodisch anmutenden Anzeigetafeln aufleuchten. Richtig, das findet man aber auch auf dem Wochenmarkt. Dort verkaufen die Händler Obst und Gemüse. Aber woher haben die Händler die Ware? Sie kaufen sie morgens in einer Großmarkthalle, das Kilo Bananen für beispielsweise zwei Euro. Dann rechnen sie noch Kosten für Transport, Standgebühren und Personal dazu und so kommt der Verkaufspreis für das Kilo Bananen zustande. Nehmen wir an, die Kosten betragen pro Kilo 1,20 Euro. Dann möchte der Händler selbst noch etwas verdienen und rechnet 0,30 Euro drauf. So kommt er auf einen Preis für das Kilo Bananen von 3,50 Euro. 2 Euro Einkaufspreis zu 3,50 Euro Verkaufspreis ist damit seine Preisspanne. Für 3,50 Euro versucht der Händler, sein Obst zu verkaufen. Auch an der Börse kommen die Preise, die auf dem Parkett „Kurse“ genannt werden, nach dem gleichen Prinzip zustande.

Wenn nun aber der Tag zu Ende geht und der Obsthändler noch Ware übrig hat, was passiert dann mit dem Preis? Er wird fallen, denn der Händler möchte keinen Totalverlust mit seiner Ware machen, die am nächsten Tag nicht mehr zu verkaufen wäre. Faule Ware! Ergo versucht er durch einen niedrigeren Preis die Kunden anzulocken. Derartige äußere Faktoren haben Einfluss auf das Angebot und die Nachfrage und somit auch auf die Preise. An der Börse können Waren im übertragenen Sinne ebenfalls „faul" werden. Als beispielsweise der Apple-Gründer und Smartphone-Erfinder Steve Jobs im Oktober 2011 starb, fiel der Aktienkurs von Apple an der Börse um zehn Prozent, denn Steve Jobs war die Seele des Unternehmens. Die Investoren waren hinsichtlich der Zukunft des iPhone-Herstellers verunsichert und verkauften ihre Ware. Die Börse ist ein Platz, auf dem Waren gehandelt werden, wo Angebot und Nachfrage zusammentreffen. Es existieren die unterschiedlichsten Börsenformen. Es gibt Diamantenbörsen, Devisenbörsen, Strombörsen und auch Kontaktbörsen. Bei Letzteren gibt es aber hoffentlich keine Preise und kein Verfallsdatum. Damit kenne ich mich allerdings nicht ganz so gut aus – deshalb zurück zur Aktienbörse. Das Prinzip der Börse ist einfach und klar. Auch das Prinzip der Wertpapierbörse weicht davon nicht im Wesentlichen ab. Kapital wird in Sachwerte eingetauscht – mittels Anteilscheinen.

AKTIEN

Sie werden beim Kauf einer Aktie (Mit-)Besitzer eines Unternehmens mit allen unternehmerischen Chancen und Risiken. Sie dürfen einmal im Jahr auf der Jahreshauptversammlung Rechenschaft vom Vorstand fordern, und erhalten eine Gewinnbeteiligung ausgezahlt (Dividende), sofern es Gewinn gab. Sollten die Geschäfte schlecht laufen, gehen Sie leer aus. Und wenn die Firma pleitegeht, ist auch Ihr Geld verloren.

ANLEIHEN

Wenn Sie Anleihen (auch Schuldverschreibungen oder Obligationen genannt) kaufen, dann „verleihen" Sie Ihr Geld an Unternehmen, Kommunen oder Länder für eine feste Laufzeit. Sie sind dann aber nicht Besitzer, sondern werden Gläubiger (Kreditor). Sie erhalten dafür jährlich Zinsen ausgezahlt. Am Ende der Laufzeit bekommen Sie das gesamte Geld zurück. Sollte die Firma oder das Land jedoch vor dem Laufzeitende pleitegehen, ist auch Ihr eingebrachtes Kapital weg. Deshalb ist es so wichtig, dass der Schuldner gesund wirtschaftet, denn dafür vergeben Ratingagenturen gute Noten. Diese Bewertungsagenturen versuchen einzuschätzen, wie wahrscheinlich es ist, dass der Schuldner das geliehene Geld zurückzahlen kann. Je besser die Noten, desto sicherer Ihr Geld – und desto weniger Zinsen muss der Schuldner für das geliehene Geld zahlen. Ratingagenturen machen ihren Job oft nicht gut – und deshalb spielten sie auch in der Finanzkrise von 2007 eine Hauptrolle.

Dies sind die Grundprinzipien der Börse. Um die Hintergründe der Wertpapierbörse noch besser zu verstehen, ist es an dieser Stelle sinnvoll, einen Blick auf die Geschichte und auf die Ursprünge der Wertpapierbörse zu werfen.

DIE ANFÄNGE DER BÖRSE

Der Begriff „Börse" entstammt dem lateinischen Wort „bursa" – auf Deutsch „Ledertasche, Geldsäckchen". Die Bezeichnung der Börse als Treffpunkt für Händler kam spätestens zur Zeit des europäischen Frühkapitalismus im 16. Jahrhundert auf. Die in Brügge ansässige Kaufmannsfamilie van der Beurse, die drei Geldbeutel in ihrem Wappen hat, unterhielt in ihrem Haus regelmäßige geschäftliche Zusammenkünfte mit – vor allem italienischen – Kaufleuten. So wurde das niederländische Wort „borse" zum Begriff für die Treffen und wurde in den darauffolgenden Jahren auch in andere europäische Sprachen übernommen, wo es noch heute verwendet wird, so das französische „bourse“, das dänische „børs“, das italienische „borsa“ bis hin zur deutschen „Börse“.

Die Ursprünge der Börse in Europa liegen im späten Mittelalter. Nötig wurde die Gründung von Börsen durch den wachsenden grenzüberschreitenden Warenhandel ab dem 12. Jahrhundert und die damit zusammenhängenden Probleme, die beim Zahlungsverkehr entstanden. Die Bewertung von verschiedenen Währungen und notwendigen Wechselbriefen stellte die Verwaltungen vor Probleme, die gelöst werden mussten. „Kontrolle durch Vereinheitlichung“ war das Ziel.

Die Geburt der Frankfurter Börse hängt eng mit den Messen zusammen, die in der Stadt florierten. Seit dem 12. Jahrhundert wuchs die Main-Metropole immer weiter an und die Messen gewannen an Bedeutung. In den folgenden Jahrhunderten wechselte zur Messezeit immer mehr Geld den Besitzer – und dieses Geld musste sicher über die unsicheren Straßen jener Zeit transportiert werden. Man stand also vor zwei wesentlichen Problemen: Verschiedene Währungen mussten eingetauscht und über weite Strecken transportiert werden. Schon bald wurden deshalb Kaufleute auf Messen mit Wechselbriefen ausgestattet.

Der Grund dafür war der folgende: Deutschland war, ähnlich einem Flickenteppich, in viele Fürsten- und kleine Herzogtümer aufgeteilt. Reisen durch das Heilige Römische Reich Deutscher Nation waren wenig komfortabel und gefährlich, da viele Räuber ihr Unwesen trieben und auf Straßen und in Wäldern auf Opfer lauerten. Die Haupthandelswege, die noch aus der Zeit der Römer stammten, waren zudem oft marode. Reiche Kaufleute waren eine besonders begehrte Beute für Wegelagerer. Oft war nicht klar, welcher Herzog für die Sicherheit der jeweiligen Straßen verantwortlich war. So entstanden Sicherheitslücken, die sich Räuberbanden zunutze machten. Um möglichst wenige Goldmünzen mit sich führen zu müssen, erfanden findige Händler deshalb einen Geldersatz: den Wertbrief. Diese sogenannten Wechselbriefe waren eine Art Scheck, die die Sicherheit des Handels erhöhten. Die Geschäfte auf den Messen wurden in der Folge immer öfter auf Kredit und nicht mehr in barer Münze abgewickelt. Der Kaufpreis war zur nächsten Messe im darauffolgenden Jahr zahlbar und der Wechselbrief diente als Sicherheit bis zum Verfallsdatum. Die Zahlung konnte also für ein Jahr gestundet werden, damit der Käufer den „kreditierten" Kaufpreis in bar beschaffen oder die Frist mithilfe eines neuen Wechsels verlängern konnte. Ab dem 16. Jahrhundert wurden die Briefe selbst als eine Art Zahlungsmittel akzeptiert. Die gleiche Funktion erfüllen heutzutage unsere bargeldlosen Zahlungssysteme oder einfacher: das „Kartengeld". Kredit- und Geldkarten sorgen für sicheren bargeldlosen Geldverkehr und keiner muss zum Bezahlen eines Autos den gesamten Betrag in bar mit sich führen. Man sichert sich dadurch vor Verlust oder Diebstahl ab, andererseits entsteht aber auch eine Abhängigkeit von Dritten. Das birgt Gefahren, auf die wir in Kapitel 10 noch zu sprechen kommen. Diese positive wirtschaftliche Entwicklung führte dazu, dass der Besuch der Messen für Geldgeber (Gläubiger) wie auch für Schuldner (Geldnehmer) zur Pflicht wurde. Wechselbriefe wurden alsbald von Hand zu Hand weitergegeben und auf den Messen fand der Umtausch in Bargeld statt. Da der Wechsel aber kein offizielles Zahlungsmittel war, blieb Münzgeld der wichtigste Faktor im Zahlungsverkehr des Mittelalters und der beginnenden Neuzeit. Auch im Bargeldverkehr entstand durch die dynamische Entwicklung der Wirtschaft der Zwang zur Kontrolle und zur Vereinheitlichung des Geldverkehrs. Heute würde man den Prozess „Banken-Regulierung" nennen. Banken gab es allerdings im Mittelalter noch nicht. Die erste Privatbank, die „Monte dei Paschi", wurde 1472 im toskanischen Siena gegründet.

In den modernen Volkswirtschaften des 21. Jahrhunderts haben wir Papiergeld, Münzgeld und Buchgeld. Das gab es im Mittelalter in der Form, wie wir es heute kennen, noch nicht. Es gab kein Papiergeld, sondern nur Münzen. „Kurantmünzen" waren genau das wert, was an Silber- oder Goldgehalt in der Münze enthalten war – eine Art von Gold- oder Silberstandard. Münzen durften zunächst nur vom deutschen Kaiser beziehungsweise dessen Beauftragten geprägt werden. Mit der Zeit verlor der Kaiser aber an Macht und mit der Zersplitterung des Deutschen Reiches in viele Kleinstaaten wurde schrittweise den jeweiligen Landesherren (Fürsten) und den Städten das Recht der Münzprägung zugesprochen, zunächst in Form eines unbeschränkten Silbermünzen- und später auch noch in Form des Goldmünzen-Prägerechts. Da viele Landesherren das Münzrecht jedoch gewissenlos ausnutzten, um die eigene (Staats-) Kasse zu füllen, sank seit dem späten Mittelalter der eigentlich vorgeschriebene Anteil von Feingehalt an Silber und Gold in den Münzen stetig. Aus „guten" wurden „schlechte" Münzen. Mit anderen Worten: Die Fürsten behielten das Gold lieber für sich, als es in Münzen gießen zu lassen und den Bürgern zur Verfügung zu stellen. So wurden Münzen mit immer weniger Gold und Silber hergestellt und verloren deshalb schrittweise an Wert. Sie verloren ihre Kaufkraft. Heute würde man dieses Phänomen „Inflation" nennen. Man muss immer mehr Geld zahlen, um die gleiche Menge an Brot und Fleisch zu kaufen. Natürlich blieb das den findigen Händlern nicht verborgen. Da fast jedes Territorium des Heiligen Römischen Reiches Deutscher Nation eine eigene Währung besaß, kamen in Frankfurt zu Messezeiten Dutzende der unterschiedlichsten Münzsorten zusammen, „gute" wie „schlechte" Münzen. Zur Kontrolle der Messe und zum Schutz vor Betrug, die sich die Stadtverordneten auf die Fahne geschrieben hatten, wurden im ersten Schritt alsbald nur noch drei Münzsorten als Geld auf der Messe akzeptiert. Das zwang die Messeteilnehmer, ihr Geld in diese Währungen zu wechseln. Wir kennen das, wenn wir ins Ausland fahren und dann beispielsweise unseren Euro in US-Dollar wechseln müssen, um dort einkaufen zu gehen. Stellen Sie sich nun vor, jede Wechselstube nimmt ihre eigenen Preise, ohne dass Sie die Chance eines Vergleichs haben. Dann wären dem Betrug und dem Nepp Tür und Tor geöffnet – so wie damals.

So füllten sich vor allem die Geldwechsler zu Messezeiten die Taschen, denn offizielle Tauschkurse für die drei akzeptierten Währungen gab es nicht. Erst viele Jahre später gelang es der Stadt Frankfurt in einem zweiten Schritt, den Geldwechsel straffer zu organisieren, indem klare Regeln und Kontrollen des Geldwechsels eingeführt wurden. Auch in unserem modernen Banksystem kommt es immer wieder vor, dass Spielräume ausgenutzt werden, um sich zu bereichern, wenn Staaten nicht durch klare Gesetze Regeln vorgeben. Zuletzt nutzten bestimmte Banken das Spiel ohne Regeln vor der Finanzkrise 2007 aus, um sich schamlos zu bereichern. Die Rechnung wurde dann den Steuerzahlern präsentiert, die in Haftung für das unverantwortliche Handeln anderer genommen wurden. Das zeigt: Geschichte wiederholt sich! Immer musste die Allgemeinheit durch Regeln vor Spekulation oder Gier geschützt werden. Die Frage aber bleibt: Wer ist schuld? Derjenige, der Gesetzeslücken nutzt – oder der, der es verabsäumt hat, klare Regeln zu erlassen? Erich Kästner meinte einst dazu: „An allem Unfug, der passiert, sind nicht nur die schuld, die ihn tun, sondern auch die, welche ihn nicht verhindern."

Trotz dieser Kontrollversuche der Stadt Frankfurt wurde die Praxis des Geldwechsels – auch mit vorgeschriebenen Münzen – mit zunehmender Bedeutung der Messen immer problematischer. Zu Zeiten des Kirchenreformers Martin Luther machte der Zahlungsverkehr jährlich bereits 300.000 Gulden aus – in Zeiten, in denen man für eine Stadtvilla vielleicht 600 Gulden zahlte, eine gewaltige Summe. Und genau das wurde zum Problem, denn längst waren nicht mehr genug „gute" Münzen im Umlauf. Das führte dazu, dass man vermehrt dazu überging, die Messegeschäfte in Büchern aufzuführen und zu verrechnen. Das Buchgeld war erfunden. Wenn also ein Händler auf der Messe Wolle im Wert von fünf Gulden kaufte und wenige Monate später Wolle im Wert von sechs Gulden verkaufte, musste man nur noch die Differenz von einem Gulden an den Händler auszahlen. Dieses Prinzip förderte die Verrechnung von Münzen gegen Papier.

Im Laufe des 15. Jahrhunderts wurde der Wechsel im modernen Sinne – also als handelbares Wertpapier – allmählich von italienischen Händlern auf den Messen eingeführt. Der große Durchbruch blieb in Deutschland noch aus, aber Wertpapiere gewannen schrittweise an Bedeutung. Welche europäische Dimension das Geschäft dann bereits Anfang des 16. Jahrhunderts besaß, wurde anlässlich der Wahl Kaiser Karls V. deutlich. Um sich die Stimmen der wahlberechtigten Fürsten – davon gab es sieben, die den Kaiser küren durften, weshalb sie „Kurfürsten" hießen – zu sichern, zahlte er ihnen die damals ungeheure Summe von 851.000 Gulden (teils bar, aber auch teils in Wechseln). Heutzutage würde man das Wahlgeschenk oder Bestechung nennen – je nachdem, ob man es politisch oder juristisch betrachten möchte. Dieses Problem existiert also auch schon lange, nicht erst seit Einführung der Demokratie. Ab Mitte des 16. Jahrhunderts ging der Handel mit diesen Papieren sehr bald aus den Händen italienischer in die von niederländischen Kaufleuten über, die in einer ersten Zuwanderungswelle nach Frankfurt gekommen waren. Sie fanden einen nahezu unerschlossenen Markt vor, war doch in ihrer Heimat das Börsenwesen – der Handel mit Wechseln – schon seit dem 15. Jahrhundert verbreitet und auch der Handel mit über Wechsel hinausgehenden Wertpapieren seit Anfang des 16. Jahrhunderts gängige Praxis.

DIE GRÜNDUNG DER FRANKFURTER BÖRSE

Das Jahr 1585 gilt als das Gründungsjahr der Frankfurter Börse. Wieder einmal herrschten im Bargeldverkehr chaotische Zustände in Deutschland. Viele verschiedene „schlechte" Münzen waren im Umlauf, deren wahrer Wert zweifelhaft und schwer feststellbar war. Das Wechseln von Geld führte zu großen Verlusten für den gesamten Handel. Daher starteten zur Herbstmesse 84 Kaufleute aus ganz Europa einen neuen Anlauf, allgemeingültige Regeln für den Zahlungsverkehr festzulegen. Sie bestimmten den Wert von neun Münzsorten, ließen sich dies vom Rat der Stadt absegnen und baten gleichzeitig darum, dass die Stadt für die Durchführung der Bestimmungen sorgen sollte. Von nun an traf man sich jedes Jahr zur Messezeit zur Versammlung, um die Kurse der Währungen neu zu bestimmen. Man nannte diese Versammlungen „Burß". Die Regelung bewährte sich bestens und schon knapp 20 Jahre später wurden die Wechselkurse für Münzen bereits täglich festgelegt.

Holländische Kaufleute hatten diese rasante Entwicklung in Frankfurt massiv gefördert und vorangetrieben. Wegen der Eroberung des protestantischen Antwerpen durch die katholischen Spanier im Jahre 1585 und die folgenden Gräueltaten der Besetzer flüchteten viele Niederländer über die östliche Grenze. Da (das heute belgische) Antwerpen zu dieser Zeit die bedeutendste Handelsstadt der Niederlande war und viele Kaufleute dort wohnten, lag die Flucht nach Frankfurt – der wichtigsten deutschen Handelsmetropole – nahe. Viele niederländische Kaufleute ließen sich in der Folge in Frankfurt nieder. Darunter waren auch einige, die sich auf den Handel mit Wechselbriefen spezialisiert hatten, denn die Börsengeschäfte waren in den Niederlanden bereits von großer wirtschaftlicher Bedeutung.

Was viele heute nicht mehr wissen: Die Niederlande waren ab dem späten 15. Jahrhundert die erfolgreichste Seehandelsmacht

Europas mit Handelsbeziehungen auf allen Kontinenten. Der internationale Handel führte zu großem Reichtum. Viele Geldgeber kamen mit ihrem Kapital, um Geschäfte zu machen. Deshalb kam es hier schon früh zum Prozess der „Kontrolle durch Vereinheitlichung". Auch führten viel Kapital, Handel und unterschiedliche Währungen zur Bildung einer Kontrollinstanz: der Börse. Bereits 1609 entstand die Amsterdamer Wechselbank zur Organisation des Geldverkehrs – eine Vorform der Zentralbanken, die heutzutage den Geldverkehr regeln.

Zurück nach Frankfurt. Hatte die Börse zunächst nur 20 Teilnehmer, so stieg ihre Zahl bis 1620 auf rund 60 an. Da die meisten Kaufleute niederländische Wurzeln hatten, wurde gewitzelt, dass man an der Börse mehr Französisch und Flämisch als Deutsch höre. Noch deutlicher zeigt die Entwicklung des Maklerwesens die Veränderungen: 1580 gab es neun ausschließlich ausländische Betreiber, 1589 schon 60, weitere 20 Jahre später fast nur noch einheimische und auch weit mehr Wechsel- als Warenmakler. Die Vorstufe der modernen Börsenmakler etablierte sich.

Aus der ruhigen Handelsstadt am Main, die von Kaufleuten aus allen Himmelsrichtungen aufgesucht wurde, war binnen drei Jahrzehnten eine internationale Handelsmetropole mit weitreichenden Fernhandelsbeziehungen und einem ausgedehnten Kreditwesen geworden. Kredite wurden vor der Reformation durch Luther vor allem in Form von Depositen realisiert, wobei Beträge gegen Schuldscheine ausgeliehen wurden – die Zinsen schlug man aufgrund des kirchlichen Verbots einfach zum Kapital dazu. Wenn man also 50 Gulden ausleihen wollte, dann erhielt man nur 47 ausgezahlt, musste aber 50 zurückzahlen. Nach dem gleichen Prinzip funktioniert auch heute noch das Kreditwesen in islamischen Ländern, in denen ebenfalls keine Zinsen berechnet werden dürfen. Nach der Lockerung der Vorschriften im Zuge der Reformation wurden die Zinsen dann auch offen in einer Spalte auf den Kurszetteln ausgewiesen.

Durch die aufkommende industrielle Revolution, angestoßen durch die Erfindung der Dampfmaschine, gab es neue interessante Anlagemöglichkeiten für das aufkommende Bürgertum. Aktiengesellschaften gründeten sich, weil die schnell wachsende deutsche Industrie dringend Geld benötigte, um neue Investitionen finanzieren zu können. Die Gründung des Deutschen Reiches 1871 förderte diese Entwicklung zusätzlich, da die Kleinstaaterei abgeschafft war und ein großer Markt entstand. Deshalb wurden immer mehr Aktien und Anleihen an der Börse in Frankfurt gehandelt. Der Geldhandel geriet in den Hintergrund, denn es gab nun eine gemeinsame Währung und einen einheitlichen Wirtschaftsraum.

DIE BÖRSE BEKOMMT EIN ZUHAUSE

Seit dem 15. Jahrhundert fanden die Börsensitzungen unter freiem Himmel statt. Nur bei Regen flüchtete man in den Frankfurter Römer. Mit zunehmender Bedeutung des Geldhandels wurde beschlossen, den Börsianern eine eigene Behausung zu geben. Sie bekamen einen eigenen Bau im Zentrum der Stadt neben der Paulskirche zugewiesen. Diese Räume hatten aber wenig gemein mit einem repräsentativen Gebäude, wie es heute an den meisten Börsenplätzen Standard ist. Eine zeitgenössische Beschreibung jener Räumlichkeiten liest sich folgendermaßen: „...als ich die Börsenhalle betrat, zeigte sich mir folgendes Bild! Man stelle sich einen ziemlich kleinen, gepflasterten Hof, von unansehnlichen Gebäuden eingeschlossen, vor, wo man mit Bequemlichkeit Pferde striegeln, Wagen reinigen, waschen, Hühner und Gänse füttern und dergleichen solide häusliche Hantierungen verrichten könnte. Statt des ehrwürdigen Truthahns, statt der geschwätzigen Hühner und Gänse, statt des Stallknechts mit dem Besen in der Faust, statt der Küchendame, die hier ihren Salat wäscht – sieht man hier zwischen zwölf und ein Uhr mittags ein buntes Gedränge. Endlich wirst du einer Tafel, etwa wie ein Wirtshausschild anzusehen, gewahr. Darauf steht mit goldenen Buchstaben deutlich zu lesen: Börsenhalle. Also in der Börsenhalle der freien Stadt Frankfurt befindest du dich …"

Aufgrund der steigenden Bedeutung der Frankfurter Börse und des nationalen Ansehens wegen baute die Stadt Frankfurt 1843 ein eigenes Gebäude für den Börsenhandel in der Nähe der Paulskirche. Bereits wenige Jahre später war dieses Haus jedoch schon wieder zu klein für die vielen Börsenhändler geworden. Deshalb baute man knapp 30 Jahre nach der Errichtung der „Alten Börse" bereits die „Neue Börse", die heute immer noch am selben Platz steht – im Zentrum des Bankenviertels in der Frankfurter City, nicht weit entfernt von der Hauptwache.

Die moderne Börse ist also weit über 400 Jahre alt und hat nichts von ihrer wichtigen Funktion eingebüßt. Auch unter sozialpolitischen Gesichtspunkten hat die Börse eine vitale Funktion innerhalb unserer Volkswirtschaft. Das Geld der Börse schafft Arbeitsplätze. Damit werden Mieten bezahlt, Autos und Fernseher gekauft, viele Dienstleistungsberufe unseres Alltags finanziert. So entstehen wieder Folgearbeitsplätze – und dieser Kreislauf geht weiter. Erinnern Sie sich noch an unseren historischen Ausgangspunkt? Kapital wird in Sachwerte eingetauscht – mittels Anteilscheinen. Diese Idee ist heute noch so gut wie damals!

KAPITEL 4

DAS GOLD
VON KÖNIG MIDAS

Dem König von Phrygien (heute Anatolien/Türkei), König Midas, ging es nicht schlecht. Sein Königreich war wohlhabend und bedeutend. Im fehlte es an nichts – außer an Weisheit. Trotz der vielen Jahre der Regentschaft blieb König Midas im Herzen ein törichter Mann. Dagegen war Silenos, der Lehrer von Dionysos, dem Gott des Weines, ein wesentlich intelligenterer Zeitgenosse. Midas stellte dem Silenos eine Falle, indem er einer Waldquelle heimlich Wein beimischte. Silenos trank aus ihr und schlief völlig berauscht ein. Midas nahm ihn gefangen. Dionysos, der seinen Lehrmeister vermisste, musste König Midas für die Freigabe von Silenos einen Wunsch erfüllen – und der überlegte nicht lange, denn er wusste, was er wollte. Es waren nicht Weisheit, Bescheidenheit oder Unsterblichkeit. Midas wollte unermesslichen Reichtum! Also sagte er zu Dionysos: „Erhabener Gott, wenn ich wählen darf, so lass alles, was ich berühre, zu Gold werden." Nur ungern erfüllte Dionysos den Wunsch des habgierigen Königs. Doch nach kurzem Nachdenken entsprach der olympische Gott dem Wunsch. Midas eilte freudig davon und testete sogleich das Göttergeschenk, indem er einige Dinge berührte. Der Zweig, den er vom Baum brach, verwandelte sich in schimmerndes Gold. Der Stein, den er aufhob, wurde zum Goldklumpen. Das Obst, das er pflückte, erglänzte golden in seinen Händen. Der Türpfosten, selbst das Wasser und der Wein – alles, was seine Hände berührten, verwandelte sich in Gold! Überglücklich setzte sich der König zum Mahle – und konnte keinen Bissen mehr essen und keinen Schluck mehr trinken. Denn alles verwandelte sich bei jeder Berührung in Gold – und Gold kann man nicht essen oder trinken …

Wenn Sie, lieber Leser, nicht gerade das Glück besitzen, dass Ihnen ein Gott Dank schuldet, dann können Sie Ihr Vermögen nur vergrößern, indem Sie clever und nachhaltig investieren. Dazu sollten Sie im Vorfeld drei Dinge beachten.

DIE DREI ENTSCHEIDENDEN FAKTOREN!
WIE PLANE ICH MEINE GELDANLAGE?

Waren Sie schon einmal in den Bergen beim Wandern oder Klettern? Wenn ja, dann wissen Sie: Eine gute Vorbereitung und Planung ist die Grundlage für den Erfolg Ihrer Tour. Sie müssen den Weg zur Hütte und auch einen Ausweichpfad dahin kennen, Sie müssen wissen, wie lange die Wanderung dauern soll, falls das Wetter plötzlich umschlägt, was im Gebirge schnell vorkommen kann. Wichtig ist, detailliert vorbereitet zu sein, überlegt zu handeln und einen Plan für alle Fälle zu besitzen. Noch einmal: Es ist von enormer Bedeutung für den Erfolg Ihrer Unternehmung, vorab alles gut durchdacht und vorbereitet zu haben. Die Faktoren „Zeit", „Proviant" und „Sicherheit" gilt es zu beachten. Genau das Gleiche gilt für Ihre Geldanlage. Sie brauchen eine persönliche Anlageplanung. Sie sollten wissen, wohin Sie wollen und wie lange der Weg dorthin ist. Sie sollten ausreichend mit Proviant versorgt sein und einen sicheren Weg auswählen. Sie brauchen eine persönliche Strategie! Welche Faktoren sind wichtig für Ihre Investmententscheidung? Und: Wo und wie legen Sie Ihr Geld an?

Zunächst ist Planung für die Geldanlage von enormer Bedeutung. Welchem Zweck dient die Geldanlage? Natürlich, Geld mit dem Investment verdienen! Aber sparen Sie für einen bestimmten Zweck in der Zukunft? Wie viel Geld haben Sie dafür? Sparen Sie für die Rente, für den Kauf eines Hauses oder die Ausbildung der Kinder? Oder wollen Sie nur das Geld für den nächsten Urlaub ansparen? Wie viel Risiko sind Sie bereit, dafür einzugehen?

Es gibt drei Faktoren, anhand deren Sie die Planung für Ihr Investment vornehmen sollten:

Zeit | Kapital | Risiko

Aus diesen Faktoren ergeben sich drei Schlüsselfragen, die Sie für Ihr geplantes Investment beantworten sollten:

1. Wie lange möchte oder kann ich das Geld anlegen?

2. Wie viel Bargeld brauche ich für mich bis zum Zeitpunkt der Auszahlung?

3. Wie viel Risiko bin ich bereit, für den angestrebten Weg einzugehen?

Wenn diese Fragen beantwortet sind, können Sie Ihr Kapital auf bis zu fünf Anlageklassen aufteilen. Nach dem Risiko aufsteigend sind das:

- liquide Mittel
- Immobilien
- Anleihen
- Aktien
- Rohstoffe (über Fonds oder Derivate)

Näheres dazu erfahren Sie im nächsten Kapitel.

Faktor Zeit

Beginnen wir unsere strategische Planung mit dem Faktor Zeit. Zeit spielt eine Hauptrolle in unserer Überlegung. Es geht um die sogenannte Anlagedauer, auch Anlagehorizont genannt. Dabei werden drei Segmente unterschieden: kurz-, mittel- und langfristige Anlageziele. Die Dauer der Geldanlage beeinflusst die Auswahl der Anlageklassen erheblich. Man unterscheidet in:

- kurzfristige Investments: Anlagen von drei bis zwölf Monaten
- mittelfristige Investments: Anlagen von ein bis sechs Jahren
- langfristige Investments: Anlagen von über sechs Jahren

Warum beeinflusst die Dauer die Anlageform? Ein Beispiel: Wenn Sie 3.000 Euro anlegen und nächste Woche von dem Geld in den Urlaub fahren oder ein Auto davon kaufen wollen, dann ist der Kauf einer auf 20 Jahre ausgelegten Bundesanleihe nicht sinnvoll. Sollten Sie eine langfristige Anlageform in Notfällen verkaufen müssen, kann das schmerzhafte Verluste für Sie bedeuten – wenn der Kurs gerade ungünstig für Sie ist. Wahrscheinlich kennen Sie aus der Zeitung die Geschichte vom smarten Banker, der im Rahmen eines Beratungsgesprächs einer 90-Jährigen eine Anleihe mit einer Laufzeit von 30 Jahren verkauft hat. Sie werden mir beipflichten, dass (trotz der deutlich verbesserten medizinischen Versorgung und der damit einhergehenden steigenden Lebenserwartung für Menschen in Mitteleuropa) die Rückzahlung des 60.000-Euro-Investments an die alte Dame eher nicht zu erwarten ist. Selbst für die Erben könnte es eng werden. Künftig sollte es deshalb heißen: Im Grundsatz gibt der Faktor „Zeit“ und damit die Dauer der Geldanlage die Richtung für diverse Investments für Sie vor.

Kurzfristige Investments (drei bis zwölf Monate Anlagezeit)

Eine kurze Anlagedauer bedeutet: Sie werden das Geld (bei Investments spricht man von „Kapital“) wahrscheinlich bald benötigen, um etwas anzuschaffen oder es anderweitig auszugeben. Eine weitere Möglichkeit wäre, dass Sie die Anlage als Sparreserve nutzen, falls Sie Geld für plötzliche oder zunächst nicht eingeplante Ausgaben brauchen. Es handelt sich dann um Bargeldreserven, die schnell verfügbar sein sollten, wenn eine Notsituation es erfordert. Profis nennen diese Reserven „Liquidität“. Oder, um bei unserem Bergwanderungs-Vergleich zu bleiben: Proviant für die Wandertour. Deshalb ist es nicht sinnvoll, das Kapital in langlaufenden oder riskanten Anlageklassen anzulegen. Nach dem Ausschlussverfahren fallen damit alle riskanten, schwankungsanfälligen und langlaufenden Anlageprodukte weg. Konkret: Aktien, Renten, Wetten auf Rohstoffpreise und die entsprechenden Fonds sind damit kein Thema für Sie. Vielmehr eignen sich für kurzfristige Investments Festgeld, Termingelder und Sparbriefe. Der Vorteil ist die schnelle Verfügbarkeit dieser Geldanlage, der Nachteil die niedrige Verzinsung. Besonders in der aktuellen Niedrigzinsphase ist diese Form der Geldanlage aber wenig reizvoll. Trotzdem gilt die eiserne Regel: „Liquidität geht vor Rentabilität!" Anders ausgedrückt: Hauptsache, Sie haben genug Proviant auf Ihrer Wandertour dabei, um Ihr Ziel zu erreichen.

Mittelfristige Investments
(Anlageziele von ein bis sechs Jahren)

Eine mittlere Anlagedauer bedeutet: Sie haben genug Bargeldreserven, um etwaige Rechnungen zu bezahlen, und können das überschüssige Kapital mit einem mittleren Anlagehorizont investieren. Dabei müssen Sie jetzt nicht mehr in erster Linie darauf achten, dass Ihr Kapital schnell verfügbar ist. Die Rendite (also Ihr Profit) rückt jetzt stärker in den Fokus. Damit werden Immobilien, Aktien und festverzinsliche Wertpapiere interessant für Sie. Hier gilt: Je länger die Anlagedauer, desto niedriger wird das Verlustrisiko. Auch Fonds können für Sie jetzt interessant werden. Fonds sind Anlagekörbe (Mischungen), die von Bankentöchtern für Anleger bereitgestellt werden, damit sich diese auch mit kleinen Geldbeträgen an allen Anlageklassen beteiligen können. So können Sie hier monatlich kleinere Geldbeträge ansparen oder auch einen größeren Einmalbetrag einzahlen. Es gibt aktiv gemanagte Fonds, die von

Finanzmanagern zusammengestellt und gegebenenfalls angepasst werden, und börsennotierte passiv gemanagte Fonds, beispielsweise Indexfonds, die einfach nur einen Index abbilden und bei denen das Management nur Veränderungen vornehmen muss, wenn sich die Indexzusammensetzung ändert. Meist sind Letztere auf Dauer lukrativer, weil hier keine Managementgebühren anfallen. Auch haben börsennotierte Fonds (Exchange-Traded Funds, ETFs) den Charme, dass sie täglich an der Börse gehandelt werden können. Also: Raus kommt man immer! Dennoch gilt auch hier die Regel: Je länger Sie das Geld für sich arbeiten lassen können, desto riskanter darf die Anlageklasse sein. Oder umgekehrt: Je eher Sie das Geld benötigen, desto risikoloser sollte die Anlageklasse sein. Also sollten Sie in Ihrer mittelfristigen Planung ein geringeres Risiko dem Zocken vorziehen. Damit rücken Anleihen mit Top-Ratings, Fondssparpläne oder auch der Kauf von Blue-Chip-Aktien in den Fokus.

Langfristige Investments
(Anlageziele von sechs Jahren und länger)

Langfristige Anlagedauer bedeutet: Sie haben genug Bargeldreserven, um alle erdenklichen Kosten in nächster Zeit zu decken. Sie möchten nun etwas für Ihre Altersvorsorge oder den Vermögensaufbau tun und Sie haben ausreichend Kapital übrig, um es möglichst renditeorientiert anzulegen. Deshalb kommen nun alle Anlageformen (Immobilien, Aktien, Anleihen et cetera) infrage. Dies alles wird auch in Form von Fonds und ETFs angeboten.

Der Erfolg des Prinzips – „Je länger der Investmenthorizont, desto riskanter darf die Anlageklasse sein" – wird deutlich anhand des Charts auf der nächsten Seite. Dieser zeigt in einer Aufstellung von Juli 1988 bis Ende Juni 2013 die Entwicklung (Performance) verschiedener Anlageklassen: Festgeld, Gold, einen Rentenfonds, verschiedene Aktienfonds, einen Immobilienfonds und den Deutschen

Aktienindex (DAX) im Vergleich. Am 01.07.1988 wurden je 10.000 Euro investiert und am 30.06.2013 wurde ausgewertet, was nach 25 Jahren bei den unterschiedlichen Anlageformen herausgesprungen ist. Deutlich erkennbar ist, dass der Wertzuwachs der verschiedenen Anlagen bis Sommer 1996 nicht wesentlich auseinandergedriftet ist. Anleihen (mittelgrau gepunktet) und Aktien (die drei oberen durchgezogenen Linien) haben sich verdoppelt. Der Grund für die gute Entwicklung war eine Hochzinsphase, die Anleihen besonders interessant machte. Aber auch Festgeld konnte von dieser Zinsphase profitieren. Ab Sommer 1996 setzten sich aber Aktien durch. Aktienfonds und der DAX (dunkelstes Grau) lagen deutlich vorne. Ein Einbruch ist dann erneut 2001/2002 festzustellen. Kein Wunder! Damals hielt die Welt (und mit ihr die Weltwirtschaft) den Atem an. Am 11. September 2001 („9/11“) steuerten Terroristen zwei entführte Passagierflugzeuge in die Twin Towers des World Trade Center in New York. Nach dieser Katastrophe folgte eine erneute Aktien-Rallye – bis ins Jahr 2008, als die Finanz-

und Wirtschaftskrise den Kapitalmärkten zu schaffen machte. Die „Mutter aller Krisen" wirkt bis heute nach, aber der Aktienmarkt erholte sich erneut. Unter dem Strich bleibt festzustellen, dass ein Aktienbesitzer aus 10.000 Euro in knapp 25 Jahren circa 68.000 Euro gemacht hat. Außer Nerven (die er haben musste) hat er de facto nur hinzugewonnen. Aktionäre haben eine jährliche Rendite von 8,5 Prozent erzielt. In derselben Zeit hat der Geldmarktfonds (verzinstes Bargeld) nur knapp 20.000 Euro eingebracht. Je kürzer die Anlagedauer sein soll, desto weniger Risiko sollten Sie eingehen. Und umgekehrt: Je länger die Dauer ist, desto höher darf das Risiko werden. Das gleiche Prinzip gilt für alle Anlageklassen.

Faktor Kapital

Für eine Antwort auf die Frage nach der Höhe des Anlagebetrags ist vor allem zu klären: Wie viel Geld benötigen Sie während der Laufzeit der Geldanlage? Wenn Sie zum Beispiel eine Bundesanleihe kaufen, etwa mit Laufzeit bis 2024, dann müssen Sie damit rechnen, dass ein frühzeitiger Verkauf zu herben Verlusten führen kann. Erst am Ende der Laufzeit bekommen Sie mit hoher Wahrscheinlichkeit das ganze Geld zurück. Deshalb müssen Sie vor einer Investition überlegen, ob Sie Ihr einzusetzendes Geld für die gesamte Laufzeit erübrigen können. Liquidität (Bargeld) ist ein wesentlicher Faktor bei der Entscheidung für die richtige Geldanlage. Eine alte Faustregel lautet: Sie brauchen immer genügend Geld, um Ihre laufenden Kosten decken zu können! Eine Geldanlage kündigen zu müssen, weil Strom, Urlaub, Leasingraten oder andere Dinge das täglichen Lebens zu bezahlen sind, kann letztlich viel Geld kosten. Im Rahmen der Liquiditätsplanung müssen Sie sich auch die Frage stellen, ob und wie viel Geld Sie tatsächlich (und nicht eingebildet) investieren können. Es ist ein Unterschied, ob Sie 100 Euro oder 100.000 Euro investieren. Mit 100 Euro empfiehlt sich eher ein Sparplan bei der Bank oder ein Fonds. Mit 100.000 Euro können Sie bequem die Anlageklasse aussuchen, die Sie für die richtige halten. Natürlich ist aktuell wenig erbaulich, was Banken als Zins versprechen, aber es gibt keine klassische Alternative zum Aufbau von „flüssigen Mitteln", um Ihren Zahlungsverpflichtungen nachkommen zu können.

Faktor Risiko

Bei der Geldanlage unterscheidet man zwei Phasen: die des „Vermögensaufbaus" und die des „Vermögensverzehrs". Anders gesagt, wir betrachten die Lebensphase vor der Rente und die nach der Rente. Vor der Rente sollte das Risiko höher und die Laufzeit länger sein. Nach der Rente geht es in erster Linie um den Erhalt des Kapitals. Also: Das Risiko herunterfahren und wieder kurzfristiger denken! Langfristige Anlagen mit einem hohen Risiko-Rendite-Verhältnis spielen dann wieder eine geringere Rolle. Grundsätzlich gilt: Je mehr Risiko, desto mehr Renditechance, je weniger Risiko, desto weniger Renditechance! Allerdings ist jede Geldanlage mit einem Risiko verbunden. Das gilt ausnahmslos für jedes Investment!

Sie glauben mir nicht? Nehmen wir an, Sie zahlen heute 500 Euro auf Ihr Girokonto ein. In dem Moment, in dem Sie Ihr Bargeld auf Ihr Bankkonto einzahlen, verwandeln Sie echtes Papiergeld in Buchgeld. Ihnen bleibt nur noch der Anspruch auf Ihr Guthaben. Denn mit Ihrem Buchgeld vergibt Ihre Bank an andere Kunden Kredite oder zahlt das Papiergeld an andere am Automaten aus. Mit anderen Worten: Ihre Bank hat Ihr Geld gar nicht mehr. Sie haben nun Ihrer Bank gegenüber nur noch den Anspruch auf Ihre 500 Euro. Geht nun die Bank pleite – und das geschieht öfter, als uns allen lieb ist –, sind Guthaben bis 100.000 Euro vom Staat garantiert – aber als reine politische Absichtserklärung! „Also bin ich gerettet!", denken Sie. Darüber hinaus gibt es noch weitere private Sicherheitsmechanismen im Bankensektor wie den Einlagensicherungsfonds der Banken untereinander, einen großen Topf mit geschätzten drei Milliarden Euro Inhalt. Das hört sich nach sehr viel Geld an – ist es aber nicht. Wenn wir das gesamte Barvermögen der Deutschen mit geschätzten fünf Billionen Euro (eine Zahl mit zwölf Nullen nach der „5") zugrunde legen, ist das nur ein Tropfen auf den heißen Stein. Was also, wenn mehrere Banken zugleich pleitezugehen drohen? Dann müsste der Staat einspringen, um Ihre 500 Euro real zu garantieren. Deshalb kam es auch am 5. Oktober 2008 zu jener denkwürdigen Pressekonferenz in Berlin, als Bundeskanzlerin Angela Merkel und der damalige Finanzminister Peer Steinbrück vor die Kameras traten und den Bürgern ihre Sparguthaben öffentlich garantierten, weil die Bankenkrise einen Bankensturm zu verursachen drohte. Doch leider war es ein Placebo-Versprechen. Denn es gab und gibt keine rechtsverbindliche Garantie der gesamten Sparguthaben vom Staat. Mit anderen Worten: Ihre eingezahlten 500 Euro sind zwar durch verschiedene Sicherheitsmechanismen relativ abgesichert, aber selbst das Geld auf dem Girokonto ist eben nicht absolut sicher. Das ist in der letzten Krise 2008 deutlich geworden.

Deshalb sollten wir festhalten: Geldanlagen sind immer mit Risiko verbunden. Die Frage, die wir uns stellen müssen, lautet demnach: Wie groß ist das Risiko, das wir im Verhältnis zur möglichen Verzinsung (Risiko-Rendite-Verhältnis) eingehen? Wir haben gelernt, dass das Risiko mit längerer Laufzeit sinkt. Das bedeutet für uns im Umkehrschluss, dass wir bei kurzer Laufzeit weniger riskant anlegen sollten. Ist die Laufzeit mittel- oder langfristig ausgelegt, dann darf beziehungsweise muss auch das Risiko steigen.

Alle drei genannten Faktoren (Zeit, Liquidität, Risiko) müssen in die Entscheidung über Ihre Investments einfließen. Bitte niemals nur *ein* Faktor! So darf die Hoffnung auf hohe Renditen (die manchmal mit Gier verbunden ist) niemals allein Ihre Entscheidung beeinflussen.

Denn – alte Börsianer-Weisheit: „Gier frisst oft Hirn!" Das Zusammenspiel aller Entscheidungskriterien macht die Musik. Sonst endet für Sie die Hoffnung auf den großen Deal wie die Geschichte vom reichen und armen König Midas.

KÖNIG MIDAS – UND WIE DIE GESCHICHTE ZU ENDE GING

Zur Erinnerung: Midas eilte freudig davon und testete das Göttergeschenk des Dionysos, indem er alles berührte. Alles wurde zu Gold – der Baum, der Stein, das Obst, der Wein, das Brot und sogar seine eigene Tochter! Als Midas feststellte, dass er nicht mehr essen und trinken konnte, weil er jede Nahrung und jedes Getränk zu nicht genießbarem Gold machte, und ihm der Hungertod drohte, da weinte er bitterlich und bat den Gott Dionysos, er möge sein todbringendes Geschenk wieder zurücknehmen. Der Gott des Weines hatte ein Einsehen und schickte den gierigen Midas zum Fluss Paktolos. Dort könne er sich den furchtbaren Zauber abwaschen – was König Midas auch tat. Der antiken Sage nach – auf die später der griechische Philosoph Aristoteles und der römische Dichter Ovid zurückgriffen – soll aus dem Fluss Paktolos der goldreichste Fluss Kleinasiens geworden sein. Midas hingegen ist in die Geschichte eingegangen – als König der Gier und der Dummheit… obwohl ich meine:

„Klug ist nicht, wer keine Fehler macht.
Klug ist, wer es versteht, sie zu korrigieren."

Wladimir Iljitsch Lenin

KAPITEL 5

WO KÖNNEN SIE IHR GELD ERFOLGREICH ANLEGEN?

DIE FÜNF WICHTIGSTEN KLASSEN

Wir haben uns im letzten Kapitel mit der Vorbereitung für die Geldanlage beschäftigt und uns dabei mit den entscheidenden Faktoren Zeit, Liquidität und Sicherheit auseinandergesetzt. Jetzt beschäftigen wir uns mit der nicht weniger interessanten Frage: Wo und wie legen wir unser Kapital an? Generell unterscheiden wir zwei verschiedene Anlagephasen: *Vermögensaufbau* und *Vermögensverzehr*, oder anders gesagt: Investments vor der Rente und nach dem Erreichen der Rente. Vor der Rente sollte das Risiko höher und die Laufzeit lang sein. In der Rentenphase geht es vor allem um den Erhalt des Kapitals. Langfristige Anlagen mit hoher Rendite spielen dann eine geringere Rolle.

Welche Anlageformen oder -klassen stehen zur Verfügung? Was ist Ihr Ziel: Vermögenserhalt oder Vermögensaufbau? Es gibt neben den Wertpapieren, die an der Börse gehandelt werden, noch weitere Möglichkeiten, Ihr Geld anzulegen. Die verschiedenen Alternativen werden von den Profis als Anlageklassen (englisch „Asset Class“) bezeichnet und in fünf Bereiche unterteilt:

- liquide Mittel (Bargeld)
- Renten (festverzinsliche Wertpapiere)
- Immobilien (Haus, Eigentumswohnung, Grundstück)
- Aktien und Wertpapiere
- Derivate (Wetten auf Zinsen, Währungen, Rohstoffe und anderes)

Für die vorletzte Anlageklasse Aktien gibt es zusätzlich auch noch Wetten, welche für die meisten von Ihnen nicht infrage kommen dürften, aber der Ordnung halber werden wir diese auch erwähnen: Optionen und Zertifikate.

In jeder Anlageklasse gibt es Unterschiede in puncto Risiko und Laufzeit. Im weiteren Verlauf des Kapitels werden wir uns den verschiedenen Anlageklassen widmen. Zunächst jedoch ist wichtig, dass Sie die Voraussetzungen für ein aktives Investment erfüllen, indem Sie bei Ihrer Bank ein Depot eröffnen. Wofür brauchen Sie es? Ganz einfach: Wenn Sie sich entschlossen haben, in Wertpapiere zu investieren und beispielsweise Aktien von Daimler oder Siemens zu kaufen, dann wird Ihnen über das normale Girokonto das Geld dafür abgebucht. Ihr Aktienkauf muss aber irgendwo dokumentiert werden. Denn für die Zahlung von Dividenden muss zum Beispiel die Firma Daimler wissen, wem das Geld zusteht. Dafür gibt es ein sogenanntes „Depot", das an Ihr Girokonto angebunden ist. Die Kosten sind, ähnlich den Kontoführungsgebühren, überschaubar und die Abrechnung von Wertpapieren wird damit ermöglicht. Natürlich zahlen Sie für den Kauf oder Verkauf der Wertpapiere Gebühren bei Ihrer Bank. Diese unterscheiden sich von Bank zu Bank so stark, dass ein Kostenvergleich lohnt. Ein Konto und ein Depot bei einer Direktbank – online von Ihnen geführt – könnte die günstigste und schnellste Variante für Sie sein.

Zurück zu Ihren Anlageoptionen. Verschiedene Anlageklassen haben auch unterschiedliche Risiko- und Anlagehorizonte. Eine Anleihe sollten Sie bis zum Laufzeitende einplanen, auch wenn sie an der Börse vorher wieder verkauft werden kann. Jeder hat seine individuellen Interessen und Vorstellungen – wie bei einem guten Menü, das jeder anders gestalten würde. Deshalb müssen Sie sich Ihr eigenes, individuell zubereitetes 5-Gänge-Menü zusammenstellen. Ich werde Sie dabei beraten und die Zutaten liefern.

Bei Investments werden oft verschiedene Klassen gemischt, um das Risiko für das angelegte Kapital zu begrenzen. Die Mischung und Zusammensetzung Ihrer Geldanlage nennt man „Portfolio". Man streut dabei das Risiko. In normalen Zeiten (nicht in Krisenzeiten!) laufen maximal drei der fünf Anlageklassen zufriedenstellend für den Anleger. Warum? Das hängt mit den Kosten für das liebe Geld zusammen – konkret mit dem Zinsniveau! Es wirkt sich recht unterschiedlich auf die Anlageklassen aus. Ein hohes Zinsniveau spielt Renten und liquiden Mitteln in die Karten. Warum? Weil die Sparer dadurch relativ hohe Zinsen bei niedrigem Risiko erhalten.

Immobilien mögen eher niedrige Zinsen. Viele Investoren leihen sich das Kapital für ihre Investments bei der Bank. Niedrige Zinsen begünstigen dies und lassen die Immobilienpreise steigen. Die Finanzierung einer Immobilie ist wesentlich günstiger, wenn die Zinsen niedrig und die persönliche monatliche Belastung geringer ist als umgekehrt. Auch für Aktien sind niedrige Zinsen ein großer Antreiber, vielleicht sogar der größte von allen. Viele Banken investieren ebenfalls in Aktien. Sie nehmen dafür Kredite bei der Notenbank auf, um mit diesem Kapital an den Börsen zu spekulieren. Bei niedrigen Zinsen ist auch die Versuchung, in Rohstoffe zu investieren, sehr groß. Deren Preisentwicklung wiederum ist vom Wirtschaftswachstum abhängig. Ähnlich dem Körper eines Menschen, der zum Wachstum Nahrung benötigt, bedarf es zum Wachstum der Weltwirtschaft Rohstoffe wie vor allem Erdöl, Metalle und Nahrungsmittel. Anlageklassen werden nach der Höhe des Risikos unterschieden. Wir widmen uns also nun den verschiedenen Anlageklassen und werden die Zeit- und Risikofaktoren der jeweiligen Geldanlage näher untersuchen.

In jeder Anlageklasse gibt es kurz- mittel- und langfristige Laufzeiten (auch Anlagehorizonte genannt).

DIE ANLAGEPYRAMIDE: STUFE 1 – LIQUIDITÄT

Bei der ersten Stufe der Anlagepyramide geht es um die Liquidität (Bargeld). Hierbei ist festzuhalten, dass es im Rahmen der Bargeld-Absicherung zunächst um den Vermögenserhalt geht und erst im zweiten Schritt um den Vermögensaufbau. Wir haben in Kapitel 4 gesehen, dass es von zentraler Bedeutung in unserem Investmentplan ist, immer ausreichend Bargeld zur Verfügung zu haben, um die laufenden Kosten zu decken. Miete, Essen und Kleidung

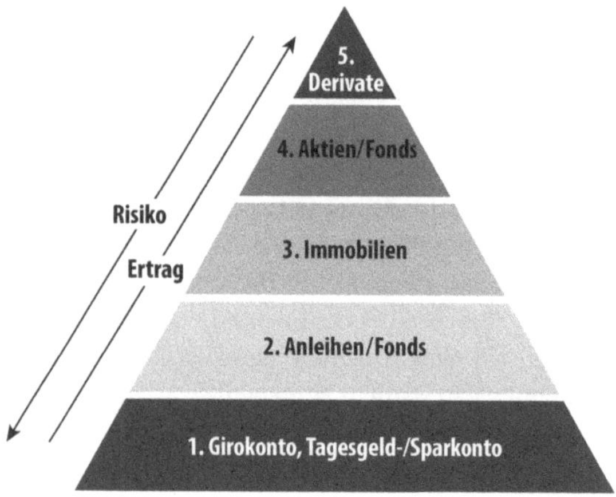

müssen bezahlt werden. Benzin für das Auto kostet ebenso Geld wie die plötzlich notwendige Reparatur des Wagens oder ein geplanter Urlaub. Müssten Sie dafür Ihre Aktien oder Anleihen verkaufen, könnte das sehr ungünstig für Sie sein. Wer beispielsweise im Mai des Jahres 2006 Daimler-Aktien für 37 Euro gekauft hatte und diese im Mai 2009 verkaufen musste, verlor massiv. Der Preis notierte damals mit 17 Euro auf dem Tiefpunkt. Doch die Daimler-Aktie lag im Mai 2014 bei 70 Euro – ein Gewinn (vor Steuern) von knapp 90 Prozent. Die Jahre 2008 und 2009 standen dann im Zeichen der „Mutter aller Krisen" (2007) und erst Ende 2009 erholten sich die Märkte wieder. Stellen Sie sich vor, auf dem Höhepunkt der Krise wären Reparaturkosten angefallen, die Sie dazu gezwungen hätten, die Daimler-Aktie auf ihrem Tief zu verkaufen. Deshalb müssen Sie im ersten Schritt Ihrer Investmentplanung darauf achten, immer Geld flüssig zu haben. Den Betrag, den Sie anlegen wollen, müssen Sie übrig haben. Dies ist ganz wichtig, auch wenn es sich nur um 100 Euro für das monatliche Fondssparen handelt. Außerdem müssen Sie darauf achten, wie Ihr Geld wieder flüssig gemacht werden kann. Einen Bausparvertrag löst man nicht „by the way" auf! Aktien und Rentenpapiere sind ebenfalls nicht immer ohne Verlust in Bargeld zu verwandeln. Das heißt: Sie sollten sich jetzt den Anlagemöglichkeiten wie Sparbuch, Tagesgeld oder Geldmarktfonds mit unterschiedlichen Laufzeiten zuwenden. Diese Anlageklassen bieten Raum, um Ihr Bargeld gewinnbringend oder zumindest vermögenserhaltend anzulegen. Abhängig vom Zinsniveau ist das mehr oder weniger lohnend. Aktuell lohnt es sich nicht. Doch die Regel ist auch hier: Liquidität geht vor Rentabilität! Bargeld zu haben ist wichtiger als ein Prozent mehr oder weniger beim Anlegen des Kapitals. Dennoch sollten Sie als Minimalziel Ihrer Liquiditätsplanung den Erhalt des Vermögens anstreben.

Das Sparbuch

Jeder von Ihnen hat wahrscheinlich ein Sparbuch zu Hause. Rund 70 Prozent aller Bundesbürger halten noch am Sparbuch fest. Das Sparbuch war in den guten alten Zeiten „die Geldanlage" schlechthin. 1818 von der Berliner Stadtsparkasse erstmals ausgegeben, ist es der Deutschen liebstes (Investment-)Kind geworden. Es verliert zwar immer mehr an Bedeutung, aber noch ist es ein wichtiges Anlageinstrument der Bundesbürger. Wussten Sie, dass ein Sparbuch im rechtlichen Sinne ein Darlehen von Ihnen an die Bank ist? Dass die Bank dieses erst nach dem Ende der Kündigungsfrist an Sie zurückzahlen muss? Für die meisten Deutschen steht die Sicherheit der Geldanlage im Vordergrund. Sie wollen ihr Geld nicht verlieren, für das sie so hart gearbeitet haben. Das ist verständlich. Mit Sparen hat das Sparbuch jedoch seit vielen Jahren kaum noch etwas zu tun. Man verliert sogar Geld, sobald man es auf das Sparbuch einzahlt. Warum ist das so? Die Höhe des Zinssatzes, mit dem Ihr „Darlehen" an die Bank verzinst wird, ist leider kaum noch der Rede wert. Jetzt werden einige sagen: „Hauptsache, ich habe die Liquidität gesichert! Schließlich geht Liquidität vor Rentabilität!" Richtig, aber in diesem Fall falsch gedacht. Denn in den vergangenen Jahren lag die Teuerungsrate meist über dem Zins, den ein Sparbuch abwarf. Aktuell erhält man beim Sparbuch 0,3 bis 0,5 Prozent Zinsen. Die aktuelle Preissteigerung liegt bei 0,7 Prozent. Dazu könnte eventuell noch die Zahlung von Einkommensteuern die ohnehin spärlichen Zinseinnahmen weiter schmälern. Über den persönlichen Jahresfreibetrag von 801 Euro hinaus zahlen Sie auch noch die Quellensteuer von 25 Prozent auf Spekulationsgewinne. Auch Zinsen gehören zu diesem Paket. Sie sehen: Das Sparbuch taugt weder zum Vermögensaufbau noch zum Vermögenserhalt. Es hat (fast) ausgedient. Wenigstens die Sicherheit dieser Anlageform ist als hoch zu bezeichnen.

Fazit trotzdem: FLOP!

Tagesgeld, Geldmarktfonds oder Termingeld (Festgeld)

Der Unterschied liegt hier hauptsächlich in der Laufzeit. Tagesgeld (durch die staatliche Einlagensicherung bis 100.000 Euro gesichert) und Geldmarktfonds sind bei Ihrer Bank täglich für Sie verfügbar. Es wird in Termingelder und kurzlaufende Anleihen investiert. Bei Geldmarktfonds fallen, im Gegensatz zum Tagesgeld, zusätzliche Gebühren wie Aufschläge und Verwaltungskosten an. Termingeld dagegen bringt mehr Zinsen, hat aber dafür eine feste Laufzeit von mindestens vier Wochen (oder mehr). In der Regel erhält man für sein Festgeld bis zu 80 Prozent mehr Zinsen als auf dem Sparbuch. Im Dezember 2014 bekamen Sie für eine dreimonatige Laufzeit zwischen 0,6 und 0,9 Prozent, was zumindest die Preissteigerung ausgleichen und damit Ihr Vermögen erhalten würde. Die Sicherheit dieser Anlage ist hoch und nur durch die Pleite Ihrer Bank oder des Fonds gefährdet, falls die Netze der staatlichen und privaten Sicherungsfonds nicht greifen würden.

Fazit: TOP!

Girokonto

Bleibt noch das Girokonto, das ich aber nicht als Kapitalanlage-Instrument, sondern als Mittel zum Zahlungsverkehr ansehe – auch wenn es hier gelegentlich Zinsen von der Bank geben sollte. Das Girokonto dient als Verrechnungsmodul für den Zahlungsverkehr, aber nicht als Liquiditätsbunker.

Fazit: FLOP!

Sparpläne

Sparpläne bei Ihrer Bank taugen nicht als „liquide Mittel", denn hierbei müssen Sie einen Sparplan befolgen und Ihr Kapital meist auf einige Jahre bei der Bank fest anlegen. Das können Sie zum Ansparen für den Führerschein Ihres Kindes machen, aber ein Aktiensparplan bei einem Aktienfonds wäre bei einer entsprechend langen Laufzeit interessanter. Tipp: Bei der Geburt des Zöglings mit dem Ansparen beginnen.

Fazit: TOP/FLOP!

Lebensversicherungen

Das Thema „Kapitallebensversicherung" hat nichts mit Liquiditätsplanung zu tun. Im Rahmen der Vollständigkeit der Anlagemöglichkeiten darf sie jedoch nicht außen vor bleiben. Das Thema hat sich aber vorerst erledigt. Lebensversicherungen lohnen sich in der Niedrigzinsphase nicht mehr. Die Versicherungskonzerne müssen aufgrund gesetzlicher Bestimmungen zum Anlegerschutz die Beiträge der Versicherten größtenteils in Anleihen und Pfandbriefe investieren. Das Bundesfinanzministerium legt jährlich einen garantierten Zins fest, den die Versicherungskonzerne mit ihren Produkten vom Abschluss bis zum Laufzeitende erbringen müssen. Grundlage dafür ist die durchschnittliche Rendite europäischer Staatsanleihen. Diese Verzinsung fiel im vergangenen Jahr auf rund 2,1 Prozent. 60 Prozent Rendite müssen die Versicherungskonzerne dem Versicherten garantieren – bei Neuabschluss. Die restlichen 40 Prozent dienen den Konzernen als Gewinn und Puffer für schlechte Zeiten. Und dieser dem Versicherten garantierte Zins soll die Konzerne vor überhöhten Zinsversprechen und damit vor der Pleite schützen. Der aktuelle Garantiezins liegt seit dem 1. Januar 2015 bei nur noch 1,25 Prozent (bis Laufzeitende, für Neuabschlüsse zuzüglich nicht garantierter Überschüsse). Und die Versicherungskonzerne legen von den Beiträgen der Kunden nur 80 Prozent real an. Der Rest Ihres Geldes geht für Vertriebskosten oder die Todesfallabsicherung drauf. Zum Vergleich: Wenn Sie aktuell auf ein Festgeldkonto investieren, erhalten Sie für fünf Jahre 1,5 bis zwei Prozent Rendite. Dazu kommen Sie auch vorher problemlos an Ihr Geld heran.

Die seit fünf Jahren fortschreitende künstliche Verbilligung des Geldes durch die Notenbanken hat zu einem Nullzinsniveau geführt. Ein Ende der Politik des billigen Geldes ist in Europa nicht in Sicht. Der hohe Schuldenstand der europäischen Staaten, die akute Bankenkrise und die lahmende Wirtschaft sind die Gründe dafür. Deshalb lohnen sich Kapitallebensversicherungen gegenwärtig nicht. Vergessen Sie nicht, dass Ihr Geld bei Kapitallebensversicherungen auf viele Jahre gebunden ist und nur mit kräftigen

Abschlägen liquide gemacht werden kann – über den sogenannten „Rückkaufswert". Wenn Sie eine Versicherung verkaufen müssen, lohnt sich aber ein Blick auf den Zweitmarkt. Dort erhält man bis zu 20 Prozent mehr, als man vom eigenen Versicherungskonzern als Rückkaufswert erhält. Wer allerdings seine Versicherung in den Jahren zwischen 1995 und 2006 abgeschlossen hat, sollte die Beiträge weiter bedienen. Eine höhere Verzinsung Ihres Kapitals ist derzeit kaum erzielbar. In diesen Jahren lag der Garantiezins zwischen 2,75 und vier Prozent.

Die Frage nach der Bonität der Versicherungskonzerne haben sich in den letzten Jahren viele Experten gestellt. Es stimmt natürlich, dass Versicherungskonzerne durch den staatlichen Garantiezins, niedrige Marktzinsen und die geringere Zahl von Abschlüssen der letzten Jahre eine Abschmelzung des Eigenkapitals zu verzeichnen hatten. Es geht der Branche nicht gut. Deshalb aber auch für große Konzerne den „Jüngsten Tag" auszurufen und alte Lebensversicherungen in dieser Niedrigzinsphase mit gehörigem finanziellen Schaden zu verhökern ist nicht sinnvoll. Auch bei der Bank ist Ihr Geld nicht sicher, wie Ihnen Kunden der US-Bank Lehman Brothers bestätigen können.

Deshalb lautet hier mein Fazit:
Alte Lebensversicherungen – TOP!
Neue Lebensversicherungen abschließen: derzeit FLOP!

Risikolebensversicherungen sind dagegen als Absicherung Ihrer Familie oder Ihrer Immobilie als nützlich anzusehen. Hier geht es nicht um die Geldanlage, sondern nur um die Absicherung des Risikos, falls Ihnen etwas passiert.

Fazit: Im Rahmen ihrer persönlichen Liquiditätsplanung geht Erhalt vor Aufbau. Das Beste, was Sie mit Ihrem Bargeld tun

können, ist, in Tages-Festgeldkonten oder Geldmarktfonds zu investieren, um die Liquidität zu sichern und das Vermögen zu erhalten. In Hochzinsphasen kann damit auch das Vermögen ausgebaut werden, was allerdings aktuell nicht der Fall ist.

DIE ANLAGEPYRAMIDE: STUFE 2 – RENTEN

„Renten" sind festverzinsliche Wertpapiere (Anleihen). Die Anlageform ist als konservativ oder sicher einzustufen, sofern der Schuldner ein gutes Rating vorweisen kann – das Risiko hängt also davon ab, an wen Sie Ihr Geld verleihen. Bei Renten wird einem Staat, einer Kommune oder einem Unternehmen Kapital für eine gewisse Zeit zu einem festgelegten Zins geliehen. Sie werden beim Kauf einer Anleihe Kreditgeber (Gläubiger) des Kreditnehmers (Schuldner) und erhalten dafür einen Zins jährlich ausgezahlt. Am Ende der Laufzeit erhalten Sie dann Ihr Kapital zurück – wenn alles gut geht. Deshalb sind bei Renten die wichtigsten Faktoren das Ausfallrisiko und die Bonität des Schuldners. Dafür gibt es Bewertungsagenturen, die nichts anderes machen, als Staaten und Firmen exakt darauf zu bewerten oder zu „raten", wie es jetzt auf Neudeutsch heißt. Deshalb werden diese Agenturen auch als Ratingagenturen bezeichnet. Fast alle namhaften Ratingagenturen, wie Fitch, S&P und Moody's, sind in den USA angesiedelt. Diese sind besonders in der letzten Krise in die Kritik geraten, da sie mehrfach völlig falsch mit ihren Bewertungen lagen und so die große Krise von 2008 mit verursacht hatten – aber die hoch verschuldeten USA seit Jahrzehnten relativ milde bewerteten. Wen wundert das in Anbetracht der Firmensitze? Denn die Ratingagenturen sind privat organisierte und profitorientierte Unternehmen.

Das Rating ist wie eine Schulnote für die Schuldner. „Note 1": Ihr Geld ist sicher, dem Unternehmen oder dem Staat geht es finanziell gut. „Note 5", auch „Ramschniveau" genannt: Ihre Geldanlage ist unsicher, weil der Schuldner fast pleite ist. Die Agenturen haben verschiedene Notensysteme. Die „1" ist beispielsweise bei der Ratingagentur S&P ein dreifaches A (AAA), die „2+" ein Doppel-A (AA+) und so weiter. Bei Moody's sind es die Noten Aaa und Aa1.

Die Laufzeiten für Rentenpapiere betragen meist mehrere Jahre. Sie können die Wertpapiere an der Börse auch vor dem Laufzeitende wieder verkaufen, was allerdings mit Kursverlusten verbunden sein kann. Die Preise und Zinsen für Anleihen hängen eng mit dem jeweiligen Zinsniveau zusammen. Denn: Die Zinsen der Wertpapiere orientieren sich immer am marktüblichen Zins. Wer zahlt schon gerne mehr, als er muss? Das heißt: Da jetzt die Zinsen niedrig sind, werden auch wenig Zinsen bei neuen Anleihen gezahlt. Eine deutsche Bundesanleihe mit einer Laufzeit von zehn Jahren wurde im Dezember 2014 mit 0,7 Prozent Rendite gerechnet. Das bedeutet, dass man beim Kauf der Anleihe mit zehnjähriger Laufzeit eine Nettoverzinsung von 0,7 Prozent hatte. Steigen die Zinsen am Markt an, fällt der Kurs der Anleihe, weil man für neuere Anleihen mehr Zinsen als für die alten bekommt. Für den Fall des vorzeitigen Verkaufs an der Börse würden Sie dann Kursverluste verzeichnen, die Ihre Rendite weiter schmälern. Es gibt im Anleihebereich Tausende von Emittenten (Schuldner, die Anleihen verkaufen) und Hunderte von Varianten. Es gibt sogenannte „Wandelanleihen", welche sich nach der Laufzeit in Aktien „wandeln" lassen, Anleihen auf Dollarbasis und vieles mehr. Auch hier variieren die Risiken und Laufzeiten. Zwischen drei und 30 Jahren wird hier alles geboten – über „sichere" deutsche Staatsanleihen bis hin zu Anleihen aus Griechenland oder Russland, die in den letzten Jahren ihre Schulden teilweise nicht mehr zurückgezahlt haben. Auch bei Unternehmensanleihen gibt es in puncto Sicherheit große Unterschiede. Die Wahrscheinlichkeit, dass die Daimler AG ihre Anleihe zurückzahlt, ist sicherlich höher als bei einer x-beliebigen Pommesbude aus der Dominikanischen Republik.

Dafür zahlt Letztere aber auch Zinsen von vielleicht sieben oder neun Prozent. Kein Wunder! Wer wäre sonst bereit, dieser Klitsche Geld zu geben? Meist ist es allerdings Schmerzensgeld, weil Sie Ihr Kapital niemals wiedersehen werden.

Auch für diese Anlageklasse gibt es Fondsgesellschaften, die für Sie verschiedene Anleihen aussuchen und dann (für Sie) investieren. Sie mischen diese Anleihekörbe nach Risiko, Rendite und Staaten. Sie können natürlich auch Anteile von diesen Fonds kaufen. Aber wie bei allen Fonds wird Sie niemand anrufen, um Ihnen mitzuteilen, dass es nun besser wäre, die Anteile wieder zu verkaufen. Das heißt im Klartext: Was immer Sie auch tun, lassen Sie nie andere für sich denken! Die handelnden Personen werden im Zweifel das für sich selbst Richtige wählen. Aktuell sind Renten uninteressant, aber auf lange Sicht muss jeder Anleger Anleihen mit guter Benotung in seinem Portfolio haben.

Fazit: Triple-AAA sind TOP!

DIE ANLAGEPYRAMIDE: STUFE 3 – IMMOBILIEN

Die Immobilie ist in Deutschland traditionell sehr stark gefragt. Seit der Eurokrise – die eigentlich eine Schuldenkrise der Staaten ist – hat sich der Trend nochmals verstärkt. Mittlerweile kostet in Frankfurt am Main schon eine Hundehütte 250.000 Euro. Und da passt nicht einmal ein Hund rein! Das Problem bei der Bewertung von Immobilien ist die Unübersichtlichkeit der Kosten und Erträge – auf die lange Laufzeit gerechnet. Fast immer werden in Deutschland Immobilien auf Kredit gekauft, was bei der Gesamtrechnung verwirrt. Es ist an der Zeit, die Unklarheiten zu beseitigen.

Man unterscheidet zwischen selbst genutzten und vermieteten Objekten, die steuerlich unterschiedlich bewertet werden. Vermietete Objekte können abgeschrieben und Kosten wie beispielsweise

Zinsen gegen das Einkommen abgesetzt werden. Dadurch unterstützt der Staat den privaten Wohnungsbau. Bei einer selbst genutzten Immobilie ist das seit dem Wegfall der Eigenheimzulage vor einigen Jahren nicht mehr der Fall. Hier zahlen Sie komplett alles aus eigener Tasche. Deshalb sollten Sie auch beim Erwerb einer Immobilie genau nachrechnen und sich den Erwerb nicht von eigennützigen Maklern, Bankern oder Bauherren aufschwatzen lassen. Es gilt: Grundsätzlich sind Eigenheime teurer als Mietobjekte! Wenn Sie also gründlich planen, wird es nicht zu Ihrem Schaden sein.

Generell gilt: Die Deutschen lieben Immobilien, heute mehr denn je. Die Angst vor Papiergeldentwertung durch die Staatsschuldenkrise und die niedrigen Zinsen treibt immer mehr Deutsche ins „Betongold", also in die Investition in Steine und Boden. Aber nicht immer rechnet sich diese Geldanlage – einerseits, weil zu teuer gekauft wird, und andererseits, weil die Renditen falsch berechnet werden. Den Grundstein zum Gewinn beim Immobilien-Investment legt man beim Kauf. Doch windige Nutznießer des Immobilienbooms profitieren davon, den Unwissenden falsche Berechnungen unterzujubeln und so den Kaufpreis zu schönen. Wir beginnen mit der Berechnung für eine nicht selbst genutzte Immobilie, bevor wir uns selbst genutzten Immobilien zuwenden. Betrachten wir den Kauf einer kleinen Wohnung zur Vermietung. Diese wird vom Makler folgendermaßen angeboten.

Mietrendite p.a.	5,2 %
Kaufpreis	86.500 Euro
Wohnfläche	41 m^2
Nettokaltmiete	4.500 Euro
davon nicht umlagefähig	500 Euro
Provision Makler	5,95 %

In der Konsequenz wird die Rendite der Immobilie hier einfach schöngerechnet. Die *Brutto*rendite liegt zwar bei 5,2 Prozent, aber für den Besitzer ist das nicht das Maß der Dinge. Die *Netto*rendite ist die Größe, die dem Besitzer für das Investment bleibt. In unserer Beispielrechnung wurde die Nettomieteinnahme mit dem Nettokaufpreis verrechnet: 4.500 Euro zu 86.500 Euro mal 100. Was wir suchen, ist die Nettomietrendite. Darin müssen die Kosten für Aufwendungen berücksichtigt werden: Erwerbsnebenkosten, nicht umlegbare Nebenkosten oder Rücklagen müssen mit eingerechnet werden. Auch ein eventuelles Mietausfallrisiko bleibt zu beachten. Deshalb gilt folgende Rechnung für den Käufer.

Tatsächliche Investitionskosten

Kaufpreis	86.500 Euro
zzgl. Grunderwerbssteuer (5%)	4.325 Euro
zzgl. Notarhonorar (1,5%)	1.297 Euro
zzgl. Grundbucheintrag	250 Euro
zzgl. Maklercourtage (5,95%)	5.147 Euro
Investitionskosten	97.519 Euro

Nettomiete

Jahres-Nettokaltmiete	4.500 Euro
abzgl. nicht umlagefähige Nebenkosten	500 Euro
Nettomiete	4.000 Euro

Berechnung der Nettomietrendite

In unserem Beispiel heißt das:

4.000 Euro / 97.519 Euro x 100 = 4,1 Prozent

Der für den Käufer der Immobilie wichtige Faktor ist somit 4,1 Prozent im ersten Jahr. In den darauffolgenden Jahren werden es dann

4,62 Prozent, was zu einer Nettomietrendite in den ersten zehn Jahren von 4,57 Prozent (und nicht 5,2 Prozent) für die Kapitalanlage führt. Gewinne aus dem Verkauf des Objekts werden hier genauso wenig mit eingerechnet wie eventueller Leerstand bei Kündigung des Mieters. Um Immobilien-Angebote mit anderen Anlageklassen vergleichen zu können, müssen wir auch die Rendite auf das heute gebundene Eigenkapital und zum anderen die Objektrendite mit einbeziehen.

Das Wesentliche ist, dass vermietete Objekte durchaus eine Investition wert sein können. Aber die Immobilie muss sich rechnen. Meistens ist es so, dass die tatsächlichen Transaktionskosten beim Verkauf nicht wieder eingespielt werden können. In unserem Beispiel betragen sie immerhin 12,7 Prozent. Eine Nettomietrendite sollte zwischen sechs und acht Prozent liegen, damit auch etwaige weitere Risiken wie Leerstände oder außerordentliche Instandhaltungsmaßnahmen abgesichert sind. Eine Eigenkapitalleistung muss allerdings zusätzlich eingerechnet werden.

Selbst genutzte Immobilien werden Interessenten gerne als langfristiger Vermögensaufbau und als Rentenabsicherung verkauft. Selbst genutzte Immobilien sind (für mich) aber meist nur ein teures Hobby. Ich halte die Phrase „Jeder muss ein Eigenheim haben!" für eine raffinierte Masche der Finanzindustrie, um an das Geld der Menschen zu kommen. Denn rechnen werden sich diese Objekte meist nicht, weder als Rente noch als Investition. Ich will und kann nicht ausschließen, dass auch rein selbst genutzte Häuser und Eigentumswohnungen im Falle des Verkaufs rechnerisch Gewinne erlösen, aber es ist eher die Ausnahme von der Regel. Selbst in diesem Fall bliebe zu berechnen, ob die Vermietung des Objekts nicht wirtschaftlicher gewesen wäre. Viele „Häuslebauer" rechnen sich fälschlicherweise „reich". Viele Faktoren werden nämlich schlichtweg ignoriert und die Immobilie selten auf Wirtschaftlichkeit geprüft. Stattdessen wird emotional kalkuliert.

Ich bin nicht grundsätzlich gegen Immobilien-Eigentum, vor allem wenn man bar bezahlt und es damit als Inflationsschutz in der Krise sieht. Wer sich eine selbst genutzte Immobilie in bar leisten will (und kann!) oder bereit ist, sich den Luxus zu gönnen, über eine Bank das bis zu 2,5-Fache des Wertes zu zahlen, der wird sicherlich einen Mehrwert an Lebensqualität genießen können. Das persönliche Eigenheim, das man an die Kinder vererben kann, ist nicht mit Geld aufzurechnen. Manchem sind die eigenen vier Wände das auch wert. Allerdings machen viele Menschen den Fehler, eine gekaufte Immobilie als Vermögensgegenstand – als Investment – zu betrachten. Seit Jahrzehnten erzählen uns die Immobilien-Interessenverbände diese Geschichte. Deshalb gehen viele Menschen davon aus, Immobilien würden immerfort im Wert steigen. In Toplagen mag das so sein – oder zumindest verliert man nicht viel. Für den Frankfurter Westhafen beispielsweise oder Münchens Nobelvorort Grünwald gilt das, aber in den meisten Regionen Deutschlands schwanken die Preise über die Jahre enorm. Ballungszentren wie München, Stuttgart und Frankfurt sind davon weniger betroffen als ländliche Gegenden, wo die Preise teilweise seit Jahren fallen. Warum? Die Landflucht treibt die Jugend vom Land in die Städte.

Oft vergessen die Immobilien-Liebhaber, den Eigenheimkauf vernünftig durchzurechnen. Der erste Fehler ist, den Kauf der Immobilie nicht mit dem Mieten des Objekts zu vergleichen. Für den Käufer einer Immobilie fallen zusätzliche Kosten an: So kommen auf den Kaufpreis noch zwölf bis 13 Prozent an Nebenkosten drauf. Im Falle der Fremdfinanzierung beim Immobilienerwerb über eine Bank – in Deutschland durchschnittlich zu 78 Prozent – kommen noch Zinsen und Tilgung über die Jahre dazu, bis das Haus abbezahlt ist. Dazu kommen an permanenten Verbindlichkeiten Instandhaltungskosten, Steuern und weitere Abgaben. Das alles gilt es gegen stark steigende Mieten gegenzurechnen. Vor allem muss auch das investierte Kapital miteinbezogen werden. Denn das hätten Sie bei Mietzahlungen vermögensaufbauend anlegen können. Statistiken zeigen in diesem Zusammenhang auch, dass Eigenheimbesitzer viel schlechter liquides Vermögen aufbauen können als Mieter. Der Grund ist, dass Eigenheimbesitzer in der Regel große Teile des zur Verfügung stehenden Einkommens in die Tilgung ihrer Finanzierung fließen lassen. Die Belastungen aus den Kreditraten sind fast immer höher als eine vergleichbare Monatsmiete. Ein Mieter hingegen kann das nach der Mietzahlung übrig gebliebene Geld sparen oder anlegen und so über die Jahre gewaltig vom Zinseszins profitieren. Rücklagen für Reparaturen an der Immobilie müssen auch nicht gebildet werden. Es gibt auch anders lautende Statistiken, aber das Rechnen nehmen einem diese Aufstellungen letztlich nicht ab. Rechnen Sie sich also bitte nicht „reich". Rechnen Sie einfach genau.

Was kostet Sie das Eigenheim über die Jahrzehnte? Lassen Sie dafür keinen Bankberater oder Immobilienmakler rechnen! Nehmen Sie den Kaufpreis mit sämtlichen Nebenkosten, die über 20 oder 30 Jahre zu entrichtenden Zinsen und die Aufwendungen für Reparaturen. Letztere sind notwendig, da Ihr Eigenheim ansonsten in 30 Jahren eine nicht mehr zeitgemäße Bestandsimmobilie sein wird. Sie werden sehen: Da kommt ein hübsches Sümmchen zusammen. Weitere Punkte, die beim Kauf von Immobilien zu erwägen sind: Die Bevölkerung in Deutschland schrumpft seit Jahren. Die demografische Veränderung der Altersstruktur in Deutschland lässt unsere Bevölkerung, ohne steigende Zuwanderung, bis 2060 auf nur noch etwa 65 Millionen Menschen schrumpfen. Heute sind es 82 Millionen. Das bedeutet, dass in einigen Jahren die Nachfrage nach Häusern und Wohnungen abnehmen wird, auf dem Land mehr als in den Ballungszentren. Die Nachfrage nach Immobilien wird also zurückgehen.

Lassen Sie uns nun schauen, wie sich die Situation für einen Mieter darstellt. Als Mieter bleibt man flexibel. Im Falle des Berufswechsels kündigt man seine Wohnung und mietet etwas anderes. Wenn die Heizung streikt, ruft man den Vermieter an. Wenn eine Neubauwohnung zu alt wird, sucht man ein aktuelleres Objekt. Wenn ich meinen Job verliere oder mein Gehalt schrumpft, ziehe ich in eine kleinere und günstigere Wohnung. Rechnen Sie, was Sie an Kosten sparen – bei einem Vergleich der Mietkosten für sich selbst einerseits und den Finanzierungskosten für den Kauf andererseits. Dabei wird ein Differenzbetrag zugunsten der Miete herauskommen. Rechnen Sie nun aus, wie viel herauskommt, wenn Sie diesen Betrag mit beispielsweise drei Prozent durchschnittlicher Rendite über 25 Jahre anlegen würden. Sie werden vom Resultat überrascht sein.

Für die Menschen, die die Immobilie als Altersabsicherung ansehen, sei gesagt: Die Neben- und Instandhaltungskosten fallen auch bei bereits voll abgezahlten Immobilien an. Sie liegen in der Regel weit oberhalb der Nebenkosten einer gemieteten Immobilie. Und: Haben Sie schon einmal etwas von „Kommunaler Straßensanierung" gehört? Marode Städte und Gemeinden lassen die Anwohner für die Straßensanierung anteilig bezahlen. Rentner müssen teilweise viele Tausend Euro aufbringen, um die Bauarbeiten bezahlen zu können, welche die Kommunen in Auftrag gegeben haben. Diese Strategie wird immer häufiger zur Sanierung der Etatlöcher genutzt. Dies ist ein weiteres Risiko für Immobilienbesitzer.

Für mich ist die selbst genutzte Immobilie keine Geldanlage, sondern ein Hobby mit möglichen Vorzügen. Vermietete Immobilien als Kapitalanlagen sind hingegen grundsätzlich interessant. Die Mieteinnahmen zahlen Ihr Darlehen ab und Steuervorteile können zusätzlich positive Effekte haben. Eine Immobilie sollte sich aber grundsätzlich bereits ohne Steuervorteile rechnen. So betreiben Sie Vermögensaufbau mit überschaubarem Risiko. Doch auch hier lauern Gefahren, die man beim Kauf der Immobilie mit einbeziehen muss. Mietnomaden, Leerstand oder unerwartet hohe Investitionen können Ihnen immer wieder Ärger bescheren und Ihrer Renditeerwartung einen Strich durch die Rechnung machen. Den Gewinn machen Sie immer bereits beim Kauf. Anders gesagt: Einmal zu teuer gekauft ist immer zu teuer gekauft.

Fazit: Eigengenutzte Immobilien als Hobby:
TOP! Als Investment: FLOP!
Kapitalanlage, um zu vermieten
(bei richtiger Lage und Preis): TOP!
Mieten für den Eigenbedarf
(häufig günstiger, effizienter, unkomplizierter): TOP!

DIE ANLAGEPYRAMIDE: STUFE 4 – AKTIEN

Wenn die Idee der Börse so gut ist (wie ich meine): Wie können Sie von dieser Idee profitieren? Zunächst gilt die alte Regel: An der Börse kommen Leute, die eine gute Idee, aber kein Geld haben, mit Leuten zusammen, die Geld, aber keine gute Idee haben. Man kann also als Unternehmer an die Börse gehen und dort ein Vermögen mit dem Verkauf seiner Anteilscheine machen. Wenn wir davon ausgehen, dass Sie persönlich gerade keine börsentaugliche Firma Ihr Eigen nennen, sollten Sie sich auf die andere Seite konzentrieren. Sie sollten versuchen, über den Handel von Anteilscheinen an der Börse am Erfolg eines Unternehmens teilzuhaben. Seit ich 1989 an der Börse zu arbeiten begann, hat sich der DAX versechsfacht. Das bedeutet, innerhalb von 25 Jahren hätten Sie aus 10.000 Euro Investment 60.000 Euro gemacht, Dividenden mit eingerechnet. Zeigen Sie mir eine Anlageform, die auch nur annähernd das gleiche Resultat erbracht hätte – und das trotz aller Schwankungen und Crashs! Davon gab es viele in meiner Zeit als Börsianer: 1989 – der Mini-Crash, 1991 – der Gorbatschow-Crash

Historische Wertentwicklung verschiedener Anlageklassen und Indizes
Wertentwicklungen einer mtl. Einzahlung von 100 Euro. 01.07.91 bis 30.06.10 (30 Jahre)

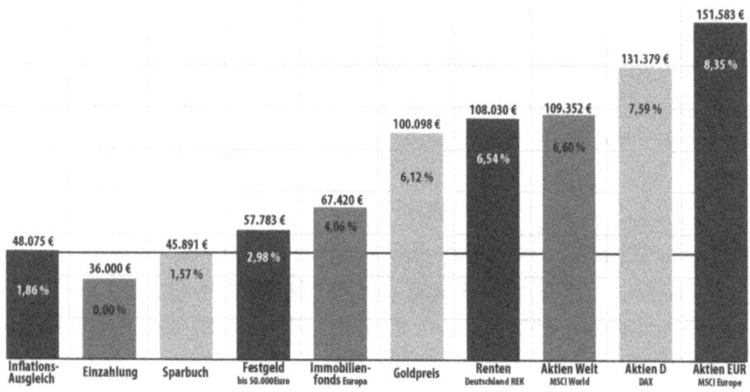

und der zweite Irakkrieg, 2000 – die geplatzte Dotcom-Blase, 2001 – Nine Eleven mit dem Anschlag auf das World Trade Center, 2003 – der dritte Irakkrieg, 2008 – die Finanz- und Wirtschaftskrise im Weltmaßstab.

Die Geschichte der Aktien ist eine große Erfolgsstory. Natürlich unterliegen sie Schwankungen und genau das fürchten vor allem die Bundesbürger. Die Investmentkultur in anderen Ländern dieser Welt ist eine gänzlich andere. In den angloamerikanischen Staaten wird ein Großteil der Altersversorgung über Pensionsfonds abgedeckt, welche in Aktien investieren. Die langfristige Gewinnerwartung durch Aktien ist durchaus begründet, nur macht das Auf und Ab an der Börse eben viele Menschen nervös. Aber wie Börsenguru André Kostolany einst meinte: „An der Börse ist 2 plus 2 nicht 4, sondern 5 minus 1. Man muss nur die Nerven haben, dieses ‚minus eins' auszuhalten." Genau diese Preisschwankungen machen Aktien für Sie (und mich) erst interessant. Durch die Unberechenbarkeit der kurzfristigen und mittelfristigen Preisentwicklungen entstehen Einstiegsmöglichkeiten für Sie als Investor. Und auf lange Sicht haben Aktien unschlagbare Gewinnaussichten.

In der Darstellung auf der vorigen Seite sehen Sie eine Performance-Berechnung mit einer monatlichen Einzahlung von 100 Euro in verschiedene Investmentfonds über die komplette Laufzeit von 30 Jahren von Mitte 1981 bis Mitte 2010. Damit fehlen vier Jahre des Aktienbooms und der Goldpreisabsturz seit 2013. In der Darstellung klar erkennbar und wie nicht anders zu erwarten: Das Sparbuch liegt mit 1,57 Prozent unter der Inflationsgrenze von 1,86 Prozent pro Jahr – Geld wurde vernichtet.

Ebenfalls deutlich erkennbar: Der Aktienmarkt liegt weit vor Renten, Gold und Immobilien. Und die Liquidität ist vermögenserhaltend nur über Festgeld oder Termingeld zu sichern. Fondssparen ist besonders interessant, wenn Sie mit dem Vermögensaufbau beginnen oder monatlich einen bestimmten Betrag ansparen wollen.

DIE ANLAGEPYRAMIDE: STUFE 5 – MIT DERIVATEN AUF ROHSTOFFE WETTEN

Der Markt für Derivate ist der größte der Welt. Der Wert der Wetten auf Währungen, Zinsen oder Rohstoffe ist zehnmal größer als das, was die Welt jährlich erwirtschaftet – geschätzte 600 Billionen US-Dollar. Dies ist so gigantisch, dass Warren Buffett – der legendäre US-Großinvestor und Gründer der Holdinggesellschaft „Berkshire Hathaway" – diesem Marktsegment das Bedrohungspotenzial von Massenvernichtungswaffen zuspricht. Bei der Annäherung an dieses Thema konzentrieren wir uns auf die Rohstoffe.

Rohstoffe erhalten die Welt am Leben. Die natürlichen Ressourcen unserer Welt standen schon immer im Mittelpunkt des Interesses der Menschheit. Es wurden Kriege darum geführt, Gedichte darüber geschrieben und Handel damit getrieben. Durch das Zusammenrücken der Weltgemeinschaft und im Rahmen des Anstiegs des internationalen Handelsvolumens gewinnt das Geschäft mit Rohstoffen in unserer globalisierten Welt eine immer größere Bedeutung. Rohstoffe stellen ein Drittel aller Güter im Welthandel dar. Die Weltwirtschaft braucht Rohstoffe, um zu wachsen. Und mit dem zunehmenden Handel mit Rohstoffen nimmt auch das Interesse der Finanzmärkte zu. Am Beispiel von Rohöl wollen wir uns das genauer anschauen. Der Blick der modernen Rohöl-Großhändler richtet sich dabei in Richtung Börse. Mit sogenannten Futures und Optionen sichern sie ihr Preisrisiko frühzeitig zu einem festen Preis ab, indem sie ihre Bestellung teilweise verkaufen – noch bevor das Erdöl in Arabien verschifft wurde. An den Warenterminbörsen in London oder New York ist das Alltag. In der Zeitspanne zwischen der Bestellung und der tatsächlichen Lieferung der Ware besteht das Risiko des Preisverfalls. Dieses Risiko gilt es abzusichern. Sollte während des Transports der Preis für Erdöl fallen, ist man auf der sicheren Seite. Sollte der Preis indes steigen, hat der Händler einen geringeren Gewinn. Von der stabilen Preisentwicklung profitieren auch wir, die Verbraucher.

Bei Derivaten handelt es sich um eine Art von Wette. Einer wettet gegen steigende und ein anderer gegen fallende – in unserem Beispiel – Ölpreise innerhalb eines bestimmten Zeitraums zu einem festen Preis. Das Derivate-Universum ist aber viel größer und es gibt kaum etwas, was dort nicht gehandelt, auf das also nicht gewettet wird: Zinsen, Immobilienbeteiligungen, Aktien, natürlich auch Rohstoffe und Währungen. Doch wer wettet schon gegen den realen Handel, gegen den Großhandel, der seine Geschäfte absichern will? Die Antwort lautet: Spekulanten, also Banken, Hedgefonds, reiche Privatpersonen und mittlerweile auch immer mehr kleine Anleger, die am Run auf Rohstoffe mitverdienen wollen. Die Anzahl der Teilnehmer ist im Verhältnis zu den großen Aktien- oder Anleihemärkten in diesem Markt jedoch begrenzt. Außerdem ist der Handel mit diesen Wetten auf Rohstoffe mit sehr viel Risiko verbunden und sehr kapitalintensiv, was die Anzahl der Marktteilnehmer auf der anderen Seite einschränkt. Durch den engen Markt und die teilweise sehr begrenzten Mengen an handelbaren Rohstoffen kommt es in diesen Märkten häufig zu Extremsituationen, die die Preise anfällig für hohe Schwankungen machen. Abhängig vom Produkt der Anlage und dem Rohstoff ist deshalb Privatanlegern von diesen Wetten abzuraten!

Agrarrohstoffe: Mit Essen spielt man nicht!

Rohstoffe werden nach Art ihrer Gewinnung und dem Verwendungszweck in Agrar- und Industrierohstoffe unterschieden. Kümmern wir uns zunächst um die Agrarrohstoffe. Hier handelt es sich – kurz gesagt – um Lebensmittel. Und wie mein Vater immer zu sagen pflegt: „Mit dem Essen spielt man nicht!" Das gilt besonders für die Börse. Wir sollten uns nicht am Leid und der Not anderer die Taschen füllen!

Gehen wir ins Detail. Anfang 2008, Anfang 2011 und im kompletten Jahr 2013 zogen die Preise für Weizen und Mais drastisch an. Teilweise stiegen die Preise dabei über 30 Prozent und damit auf Rekordniveau. Auch der Preis für Reis stieg in dieser Zeit deutlich an. Was waren die Gründe dafür? Zum einen sorgten Missernten, verursacht durch Dürre in den USA (dem größten Getreideexporteur der Welt) für steigende Preise. Das ist nachvollziehbar. Denn weniger Angebot bei leicht steigender Nachfrage sorgt in der freien Wirtschaft für anziehende Preise. Weshalb stiegen die Preise aber gleich so enorm? Waren allein die Missernten für den drastischen Anstieg verantwortlich? Das ist wenig wahrscheinlich. Beispielsweise fielen die Welt-Ernteerträge im Jahr 2013 lediglich um 4,6 Prozent. Die Nachfrage nach Agrarrohstoffen stieg zwar leicht an, dagegen zogen aber die Preise für Weizen von 210 Euro auf über 270 Euro und damit um 30 Prozent an.

Weizen-Chart 2008 bis 2014 (Euro/Tonne)

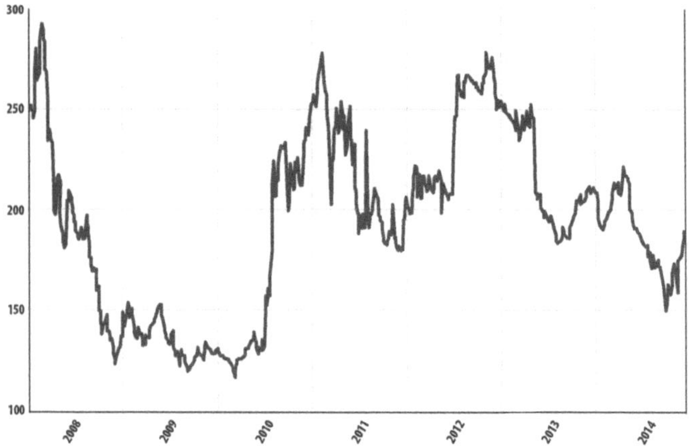

Ebenfalls stieg Mais im gleichen Zeitraum von 210 Euro auf knapp 300 Euro und der Sojapreis um circa 25 Prozent. Natürlich steigen die Preise alternativer Rohstoffe mit an, wenn es beim Hauptrohstoff zur Unterversorgung kommt. Weniger Weizen und Mais kurbeln die Nachfrage nach Soja an.

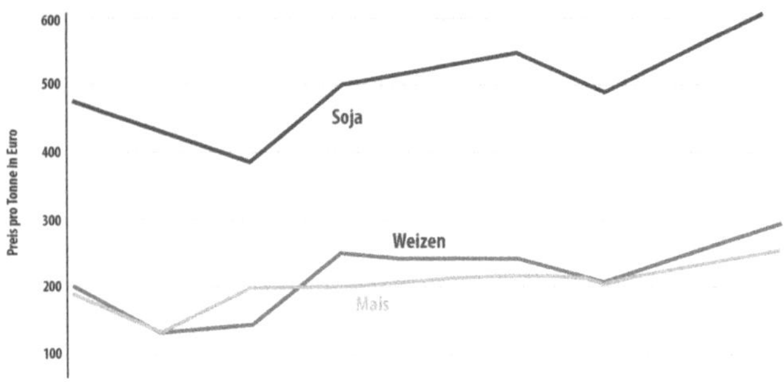

Mit Daten von „Finanzen.net" Die Entwicklung der Preise von einer Tonne Weizen (mittelgrau), Mais (hellgrau) und Soja (dunkelgrau) in dem Zeitraum August 2008 bis 2012

Die meisten Experten sind sich einig, dass Terminbörsen zusätzlich als Preistreiber in schlechten Erntezeiten fungieren und so die Preise für Getreide und andere Nahrungsmittel immer wieder überproportional anziehen. Die wahren Leidtragenden solcher steigenden Preise sind nicht in der Wirtschaft oder der Finanzwelt zu suchen. Die schlimmsten Konsequenzen drohen den Menschen in der Dritten Welt. Sie müssen ohne jegliche Absicherung einen großen Teil ihres Einkommens für Grundnahrungsmittel verwenden. Deshalb treffen sie und ihre Kinder die extremen Spekulationen an den Finanzmärkten am schlimmsten. Hier geht es nicht um ein paar Euro. Hier geht es teilweise um das nackte Überleben. Deshalb gilt aus ethisch-moralischen Gründen, dass Sie nicht mit dem Essen und besonders nicht mit dem Leben anderer spielen sollten. Finger weg von Agrarrohstoff-Spekulationen! Ganz anders verhält es sich da bei den Industrierohstoffen.

Industrierohstoffe – Vorsicht, sehr spekulativ!

Bei Industrierohstoffen handelt es sich um Verbrauchsrohstoffe, welche die Wirtschaft benötigt, um zu wachsen. Energie (Öl, Gas), Edelmetalle (Gold, Silber) und Industriemetalle (Palladium, Kupfer) können an den Terminbörsen der Welt gehandelt werden. Für Sie als Anleger bedeuten diese Spekulationen höchstes Risiko. Man kann über Futures, Optionen, Zertifikate und (für den etwas weniger risikofreudigen Anleger) auch über Fonds auf Rohstoffe setzen. Investments sind sowohl über börsennotierte ETFs als auch über aktiv gemanagte Fonds möglich. Für Futures, Zertifikate und Optionen gilt, dass hier nur stark engagierte und erfahrene Investoren mitspielen sollten. In dieser Anlageklasse ist der Anlagehorizont bereits beim Kauf klar. Es geht hier um Tage, wenn nicht um Minuten – und keinesfalls um Jahre. Beispielsweise müssen Futures immer abends abgerechnet werden. Sie zahlen – nur sehr bonitätsstarke Anleger werden zum Handel zugelassen – dabei nur zehn Prozent des Investmentbetrags an. Jeden Abend wird dann abgerechnet und geschaut, ob Ihre Geldanlage – die zehn Prozent Anzahlung – noch ausreicht. Gewinne werden gutgeschrieben und Verluste verrechnet, bis die Anzahlung aufgebraucht ist. Dann muss nachgezahlt werden. Im Klartext bedeutet das: Sie können mehr als Ihr eingesetztes Guthaben verlieren. Und Schulden müssen bereits abends beglichen werden! Außerdem sind die Laufzeiten von Futures und Optionen extrem kurz, sodass der Faktor „gutes Timing" hier eine große Rolle spielt und sich ein Investment schnell in Luft auflösen kann. Deshalb beschäftige ich mich an dieser Stelle mehr mit dem Fondsbereich und den etwas weniger heiklen Anlageprodukten wie Gold.

FAZIT: Zu risikoreich für private Anleger!

Man kann Gold auf zwei Arten erwerben: real und in Papierform. Dabei ist es wichtig, sich über das Ziel im Klaren zu sein. Will man in Gold investieren oder möchte man Gold als Notgroschen für Krisenzeiten erwerben, also für den Fall, dass Papiergeld nichts mehr wert ist? Bleiben wir zunächst beim Investment. Wenn man in Papierform investieren möchte, bieten sich für den einfachen Anleger Goldminen-Aktien oder börsennotierte Goldfonds an. Mit Aktien von Goldproduzenten kaufen Sie sich Anteile an den Unternehmen und profitieren indirekt von steigenden Goldpreisen über Kursgewinne und Dividenden. Diese werden aber naturgemäß hier nicht „eins zu eins" weitergegeben. Die Minenkonzerne müssen das Gold erst schürfen, was sehr kostenintensiv ist. Diese immensen Kosten werden in der Bilanz berücksichtigt und an die Aktionäre weitergegeben. Gewinne werden dagegen oft nicht voll ausgezahlt (aufgrund hoher Investitionskosten in weitere Fundstellen). Kurz: Bei Aktien partizipiert man nur teilweise von steigenden Goldpreisen.

Börsennotierte Goldfonds sind interessanter. Hier gründen Investmentgesellschaften eigene Fonds, die real (also physisches) Gold kaufen dürfen, das bei Banken deponiert wird. Leider ist das deutsche Investmentgesetz in diesem speziellen Fall für die Anleger hinderlich, denn es besagt, dass Fonds ihre Gelder nach dem Motto „Man sollte nie alle Eier in nur einen Korb legen!" aufteilen müssen. Was der Sicherheit der Anleger dienen soll, ist im Falle von Gold nicht einfach umsetzbar. Dadurch werden in Deutschland Goldfonds gezwungen, nicht nur in reales Gold zu investieren, sondern auch in Papierform über Derivate und Aktiengesellschaften. Fonds, die nur reales Gold kaufen, werden deshalb in Deutschland nicht zugelassen. Dennoch sind börsengehandelte Goldfonds eine gute Möglichkeit, in Gold zu investieren. Man sollte bei der Auswahl nur beachten, wie viel reales Gold der Fonds im Verhältnis zur Gesamtgröße besitzt. Wer „in Gold macht", der will auch Gold haben. Ich hingegen bin kein Fan von Gold zu Investitionszwecken.

Ich denke: Gold ist Gold. Es ist eine eigene Währung, die man nicht in Papiergeld umtauschen sollte – es sei denn, die Lage ist prekär. Mit anderen Worten: Gold sollte man real, also in Form von Nuggets, Münzen oder – wenn Sie können – Barren besitzen. Kaufen Sie es anonym beim Händler, zahlen Sie es in bar und legen Sie sich Ihren Schatz als Notgroschen in den Safe Ihrer Bank.

Zehn bis 20 Prozent ihres Vermögens können Sie gerne als Notgroschen hinterlegen. Das zählt zur Kapitalanlageklasse „Liquidität", denn Gold ist jederzeit in Papiergeld umtauschbar. Sie können sich alle Jahre eine Goldmünze mit möglichst wenig Sammler-Aufgeld kaufen. Denn Münzen werden gerne gesammelt und manche steigen stärker im Preis als der Goldpreis.

Warum sollte der Kauf real und anonym vorgenommen werden? Da wir Gold als Notgroschen ansehen, müssen wir uns fragen, in welchem persönlichen oder politischen Umfeld Gold zum Notgroschen werden könnte. Die persönliche wirtschaftliche Krise durch

Arbeitsplatzverlust, Unfall oder Krankheit steht hier an erster Stelle. Sie könnte den Eintausch des Notgroschens akut machen. Wann aber noch? In einer Krise von höchstem Ausmaß. In solchen Krisenzeiten neigen auch Politiker zu drastischen Maßnahmen, wie wir im bekanntesten Beispiel 1933 in den USA sehen konnten. Damals wurde der private Goldbesitz von der amerikanischen Regierung komplett untersagt. Am 6. März 1933 verbot der US-amerikanische Präsident Franklin D. Roosevelt den Banken die Ausgabe von Gold und den Handel mit Devisen. Bereits drei Tage danach wurde durch den „Emergency Banking Act" dem Präsidenten erlaubt, Einfluss auf den Gold- und Devisenhandel zu nehmen. So sollte der Abzug von Gold aus den USA verhindert werden. Danach unterzeichnete Roosevelt am 5. April 1933 die „Executive Order 6102". Hiermit wurde der private Goldbesitz in den USA ab dem 1. Mai 1933 verboten. Das Goldverbot trat in Kraft. Schmuck war zwar noch begrenzt zugelassen, aber alles, was Nuggets, Münzen und Barren ähnlich sah, musste zum Preis von 20,67 US-Dollar pro Feinunze an den Staat abgetreten werden. Alle Bürger, die dem Aufruf nicht folgten, wurden enteignet und gingen leer aus. Der Anlass für diese Maßnahme war die große Wirtschaftskrise im Gefolge des Börsencrashs von 1929. Sie erinnern sich an Kapitel 3, in dem ich beschrieb, wie Fürsten mit Prägerecht im Mittelalter Gold einbehielten und dann Geld mit weniger Goldgehalt herausgaben? Genau damit hat der Vorgang von 1933 zu tun. Die US-Regierung beanspruchte das Goldmonopol für sich, während die Bürger per Gesetz zum Papiergeldtausch gezwungen wurden. Das Goldverbot für US-Bürger bestand 41 Jahre lang und wurde erst am 31. Dezember 1974 durch Präsident Gerald Ford aufgehoben.

Was sagt uns das? Gold ist eine eigene Währung, welche viele Jahrhunderte als Berechnungsbasis für Papiergeld diente, nachdem es Silber komplett abgelöst hatte. Natürlich gibt es immer ein Umtauschverhältnis zu Papiergeld, das vom Vertrauen der Bürger in

Fiatgeld (Papiergeld) abhängt. Sollte einmal das Papiergeld wieder nichts mehr wert sein und man damit weder beim Bäcker noch beim Metzger einkaufen können, dann nehmen Sie einfach Ihr Gold oder Silber aus dem Safe – sofern vorhanden. Damit werden Sie immer einkaufen können, egal ob die Währung Dollar, Deutsche Mark oder Euro heißen mag. Damit Sie das Gold aber auch behalten dürfen, sollte niemand davon wissen. Kaufen Sie Gold also nicht über Fonds, sondern real, anonym und lagern Sie es im Safe. Mehr als 20 Prozent Ihres Kapitals sollten Sie aber nicht investieren, denn Gold wirft keine Rendite ab, von den Kursgewinnen abgesehen. Vergessen sie aber den blöden Spruch der Goldkritiker: „Gold kann man nicht essen." Ich denke, Papiergeld schmeckt auch nicht besonders gut.

KAPITEL 6

MEIN PERSÖNLICHER CRASH

Im August 1989 betrat ich zum ersten Mal die Frankfurter Börse. Ich hatte wenig Ahnung von dem, was mich dort erwarten sollte, und freute mich auf das, was vor mir lag. An jenem Dienstagmorgen kam ich durch einen Seiteneingang in das historische Gebäude, denn die Börse wurde gerade renoviert. Von Hause aus war ich als „Noch-quasi-Jugendlicher" (ich war 21 Jahre alt) eher rebellisch gegenüber dem Establishment eingestellt und hatte wenig Respekt – „vor niemand und vor gar nichts". Als ich jedoch gegen 10 Uhr morgens den „Großen Handelssaal" – den Sie wahrscheinlich aus der Börsenberichterstattung im Fernsehen kennen – betrat, hielt ich den Atem an. Hunderte von Menschen liefen emsig auf und ab, es ging zu wie in einem Ameisenbau. Die extrem geringe Geräuschkulisse bildete den totalen Kontrast. Offenbar sprach man nur gedämpft miteinander, als wenn lautes Sprechen unter Strafe stehen würde. Nur fast ehrfürchtiges Flüstern war zu vernehmen. Auch ich gehörte jetzt dazu, obwohl ich mich noch nicht dazugehörig fühlte. Ich wusste ja nicht, was ich zu tun oder zu lassen hatte – doch diese Angst wurde mir schnell genommen. Meine vier Kollegen, von denen zwei nur unwesentlich älter als ich waren, empfingen mich herzlich. „Servus, ich bin der Mike!", begrüßte mich einer der Youngster mit einem breiten Grinsen. „Wir sind hier alle per Du!" Und tatsächlich: An der Börse duzen sich alle. Das ist bis heute so. Zwischen dem Seniorhändler mit 20 Jahren Berufserfahrung und dem Neuling herrschte ein natürlicher Respekt, welcher aber nicht mit Höflichkeitsfloskeln unterstrichen werden musste. Das kam mir natürlich als rebellischer Jugendlicher, der dazu noch Fußballer war, sehr entgegen – obwohl mir Respekt zunächst nicht immer leichtfiel. Denn ich wusste nicht, wer mir etwas zu sagen hatte oder etwas anordnen durfte. Doch das fand sich in den folgenden Wochen von selbst. Mein Kollege Alex nahm mich unter seine Fittiche und zeigte mir meinen Aufgabenbereich. Ich musste kleinere Orders, die wir von Banken in Form von Zetteln erhielten, in unserem viereinhalb

Quadratmeter kleinen Büro in den Katakomben der Börse auf unsere Orderzettel übertragen und diese dann an die jeweiligen Handelsschranken bringen. An den Schranken, die auch heute noch in der Börse zu sehen sind, fand täglich von 11:30 bis 13:30 Uhr der Handel mit Aktien und Anleihen statt. Jeder Makler war für bestimmte Wertpapiere verantwortlich. Ausländische Aktien waren meistens nach Ländern aufgeteilt, deutsche Aktien wurden nach Branchen eingeteilt. Aus Stromversorgern wurden dann die „Versorger", Automobilkonzerne waren VW, BMW, Daimler, Porsche, Chemie waren BASF und Bayer – und so weiter. An der Börse musste es schnell gehen. Time is money. Deshalb duzten sich die Leute. Jedes überflüssige Wort, jeder überflüssige Titel kostete Zeit und Geld. Auch die Sprache wurde abgekürzt. Lange vor den sozialen Netzwerken wie Facebook und Twitter wurde an der Börse nur mit Abkürzungen kommuniziert. Es musste eben schnell gehen, auch wenn es aus heutiger Sicht eher in Slow Motion vor sich ging. Computer hatten damals noch die Größe von Umzugskisten, Handys gab es nur in der Größe von Hundeknochen und das Internet war noch nicht erfunden. Im Fernsehen liefen nur die zwei öffentlich-rechtlichen Programme *ARD* und *ZDF* (plus die „Dritten"), *RTL* und *SAT.1* waren noch nicht so populär wie heute.

Kauf und Verkauf wurden zu „Geld" und „Brief", der Daimler-Kurs von „Kauf 601 bis Verkauf 602" wurde zu „1 zu 2". Die sogenannte Big Figure ließ man ungenannt, weil jeder Profi wusste, was gemeint war. Dazu gab es Handzeichen, welche den Handel nochmals schneller machen sollten. In Trauben standen die Händler ab 11:30 Uhr vor den Schranken der Makler.

Sie erinnern sich noch an den Vergleich mit dem Obstmarkt und den verschiedenen Ständen im Anfangskapitel des Buches? Dutzende Händler und deren Assistenten standen dann an für die interessanteste Aktie des Tages. Um sich in diesem Chaos von kommenden, gehenden und laut schreienden Menschen zu verständigen, konnte man oft nur durch Handzeichen miteinander kommunizieren. Handfläche nach innen geneigt mit der Bewegung zum Körper bedeutete „Kaufen". Handfläche nach außen geneigt und winkende Bewegung auf den Kontrahenten zu hieß „Verkaufen". So konnte selbst bei größter Unruhe und Lautstärke der Handel mit Wertpapieren ohne große Fehlerquote durchgeführt werden. Beim Handel kam und kommt es besonders darauf an, die Fehlerquote niedrig zu halten, denn ein Fehler kann zum Ruin eines Unternehmens führen. Beispiele der letzten Jahre, wie Jerome Kerviel, der bei der französischen Bank Société Générale 4,82 Milliarden Euro ganz allein verzockte, oder Kweku Adoboli, der die Schweizer UBS um 2,3 Milliarden erleichterte, machen deutlich, wie berechtigt die Angst vor derartigen Fehlern ist. Selbst wenn in diesen Fällen kriminelle Energie hinzukam: Der mündliche Handel mit Wertpapieren in Millionenhöhe lief tatsächlich mit einer extrem geringen Fehlerquote ab. Wenn doch einmal Uneinigkeit unter den Kontrahenten herrschte, musste man sich einigen. Wenn die Börse um 13:30 Uhr schloss, saßen die Händler am PC und tippten ihre Geschäftsdaten ein, damit sie verarbeitet werden konnten. So entstand eine Liste, in der am nächsten Morgen alle Geschäftseingaben nachzulesen waren. Ein Geschäft, zu dem keine Gegeneingabe existierte, wurde auf der „Rausfallerliste" dargestellt. Diese Liste musste morgens im Büro der Firma, das unweit der Börse lag, ausgedruckt werden. Die offenen Geschäfte des vergangenen Tages mussten dann einzeln mit den Kontrahenten nachverhandelt werden. Oft handelte es sich bei diesen offenen Geschäften nur um Eingabefehler der nicht so computeraffinen Händler. Wenn es aber zu keiner Einigung kam, musste man entweder auf die Vermittlung der Aufsicht vertrauen – einem Elder-Statesmen-Kommando von Altbörsianern – oder aber den Schaden zur Hälfte übernehmen. Das Leben ist kein Picknick.

Ich gewöhnte mich schrittweise an die Arbeit und an die Kollegen, ohne größere Fehler zu begehen. Die Börsenatmosphäre begann mir immer mehr zu behagen – zunächst jedenfalls. Der Handel in Frankfurt verlief in den ersten Wochen ruhig. Der DAX lag im August 1989 bei 1.554 Punkten. Ich hatte Zeit, mich an die Abläufe zu gewöhnen: Wohin gehören die Orders? Welche Makler handeln mit den jeweiligen Aktien? Oder, um im Bild des Wochenmarkts zu bleiben: Welcher Stand verkauft Obst und welcher verkauft Fisch? Ich fühlte mich trotzdem wie ein Fahranfänger, der nicht weiß, ob an der nächsten Kreuzung die „Rechts-vor-Links"-Regel gilt. Am 13. Oktober 1989 wusste ich auch weshalb. Am „Black Friday" kam es in New York zum zweiten Crash innerhalb von zwei Jahren. Die erwartete Finanzierung der Übernahme von UAL Corporation über 6,75 Milliarden Dollar scheiterte und zog zunächst den US-Rentenmarkt nach unten. Man hatte Angst, dass andere Unternehmen ebenfalls keine Finanzierung zustande bekommen würden. Wenn in einem Markt viel Geld verloren geht, kann es passieren, dass diese Verluste durch Verkäufe andernorts ausgeglichen werden sollen. So kam es, dass auch der US-Aktienmarkt in den Abwärtsstrudel gezogen wurde. Der amerikanische Aktienindex Dow Jones (das „Fieberthermometer" der internationalen Börse) fiel um 6,9 Prozent. Zu diesem Zeitpunkt war die Frankfurter Börse aber bereits seit Stunden geschlossen. Deshalb kam es erst am darauffolgenden Montag zum Ausverkauf in Frankfurt und anderswo, weil auch hier Verluste in den US-Märkten ausgeglichen oder einfach das Kapital in Sicherheit gebracht werden sollte. Der sogenannte „Mini-Crash" nahm seinen Lauf. Und ich war mittendrin. Mein erster Crash.

Die Zahl der Aufträge, die mir morgens von unseren Kunden übergeben wurden, war normalerweise überschaubar. Zwischen 30 und 50 Aufträgen täglich hatte ich bis zum Oktober 1989 morgens zu bearbeiten und an die Schranken der Kursmakler zu bringen. An diesem Montag jedoch bekam ich waschkörbeweise Orders in mein kleines Büro gebracht. Jeder wollte verkaufen, aus Angst, Geld zu verlieren und zu spät zu kommen. Hunderte von Aufträgen hatte ich an diesem Tag zu bearbeiten, auf unsere Zettel zu übertragen und zum Kursmakler zu bringen. Bis zu jenem 13. Oktober 1989 hatte es sich normalerweise immer um kleinere Aufträge gehandelt, um mich vor allzu großen Fehlern zu schützen. Die großen Deals machten die erfahrenen Händler wie Mike, Alex oder die anderen. Am Crash-Tag aber war mein Welpenschutz abgelaufen. Jetzt schwamm ich in der Welle mit. Es blieb mir gar nichts anderes übrig. Hunderte von Menschen liefen wild gestikulierend im Handelssaal auf und ab. Bei einigen älteren Händlern hatte ich große Sorge, ihre Köpfe würden platzen, so rot waren ihre Gesichter angelaufen. Aber gleich waren diese Gedanken auch schon wieder verflogen, denn ich hatte keine Zeit zum Beobachten mehr. Der DAX fiel an diesem Montag um 12,8 Prozent auf 1.385 Punkte. Das ist bis heute der größte prozentuale Absturz, den der damals noch junge DAX erlebt hat.

Die Verluste an diesem Tag waren dramatisch und ich fiel am Ende der Börsensitzung völlig erschöpft in meinen Bürostuhl und wusste nicht mehr, wo mir der Kopf stand. Jetzt wurde es aber spannend, denn am darauffolgenden Dienstag wurde morgens die „Rausfallerliste" ausgedruckt, also jene Liste mit den unbestätigten Handelsgeschäften, die einem – ohne Einigung mit dem Kontrahenten – zusätzlichen Schaden und Ärger bringen konnte. Die Liste war erwartungsgemäß seitenlang, denn niemand hatte mehr den vollen Überblick über seine Handelsgeschäfte gehabt – aufgrund der Hektik und der Menge an Orders an jenem berüchtigten Vortag. Ich hatte zwar gewisse Bedenken hinsichtlich meiner Fehlerquote, aber diese Bedenken schienen unbegründet zu sein. Keines der offenen Geschäfte stammte von mir. Gut gelaunt machte ich mich gegen 10:30 Uhr auf den Weg zur Börse. Der Dow Jones Index hatte sich bereits montagabends wieder deutlich erholt und so konnte man davon ausgehen, dass eine ähnlich positive Entwicklung auch in Frankfurt stattfinden würde. Ich hatte die Feuertaufe bestanden – dachte ich jedenfalls. Als „Crash-Veteran" gehörte ich jetzt dazu. Doch ganz so schnell ging es leider nicht und das wurde mir noch am selben Tag klar.

Kurz vor Börsenbeginn kam eine Bankmitarbeiterin zu mir und erkundigte sich nach einer bestimmten Firma. „Radex Heraklith" hieß das österreichische Unternehmen. Die nette Dame suchte eine Order über 2.000 „Radex Heraklith"- Optionsscheine, von der sie meinte, sie uns am Tag zuvor erteilt zu haben. Optionsscheine sind Wetten auf Zeit. Man wettet dabei auf Aktienkursentwicklungen. Und das Spannende dabei ist, dass meist mehrere Aktien gleichzeitig in der Wette beinhaltet sind. Das bedeutet bei einem Beispiel von zehn Aktien pro Optionsschein (10er-Hebel) den 10-fachen Gewinn – oder Verlust, wenn es miserabel läuft. Die nette Dame von der Bank versprach, später wiederzukommen. Mir lief es heiß und kalt den Rücken herunter. Hatte ich vielleicht einen Fehler begangen? Und wenn ja, was würde der kosten? Schnell lief ich zum Kursmakler für Optionsscheine und fragte nach dem Kurs von „Radex Heraklith"-Optionen. Danach lief ich zu dem Kursmakler, der die Aktie des Unternehmens in Frankfurt rechnete. Schnell wurde klar, dass die Aktie 5 DM zum Montag gewinnen würde, was einem Gewinn der 2.000 Aktien von 10.000 DM entsprach. Doch jetzt kommt das dicke Ende: Die Optionen bewegen sich aufgrund des Hebels von 10/1 um das Zehnfache. Die 2.000 Optionsscheine würden bis zu 100.000 DM kosten. Ich lief so schnell ich konnte zu den Wäschekörben des vergangenen Handelstags und suchte eine Order der Bank. Es führte kein Weg daran vorbei: Ich fand die Order, welche ich versehentlich als Aktie gekauft hatte. Das würde mich mindestens 90.000 DM kosten, vielleicht sogar den Job, den ich bereits so interessant fand, das ich mir nichts anderes mehr vorstellen wollte! 90.000 DM! Ein Schweißausbruch jagte den nächsten. Was sollte ich tun? Es meinen Kollegen gestehen? Meinen Chef anrufen, der meist nur kurz an der Börse auftauchte und dann wieder verschwand? Ich beschloss, Geduld zu bewahren und auf den angekündigten Besuch der Kundin von der Bank zu warten. Der DAX erholte sich im Verlauf des Handelstags in der Tat wieder und schloss mit einem Plus von 6,5 Prozent. Das Fazit: Der 1987er-Crash hatte dafür gesorgt, dass viele Privatanleger an diesem Oktobertag des Jahres 1989 die Nerven verloren hatten. Die Börse erholte sich bald wieder auf das Vorcrash-Niveau. Und was passierte mit meinem Verlust? Er wurde nie entdeckt! Panik wäre ein schlechter Ratgeber gewesen. Die Banken hatten ebenfalls keinen Überblick mehr über ausstehende Orders und nach zwei Tagen beschlossen sie, die Untersuchungen einzustellen und mit den Kunden abzurechnen. Wer weiß, was mit mir passiert wäre, hätte ich damals nicht das Glück gehabt und die Nerven besessen, die Krise auszusitzen. Meinen Kollegen und meinem damaligen Chef habe ich bis heute nichts von meinem persönlichen Crash erzählt. Aber damals habe ich Blut und Wasser geschwitzt …

KAPITEL 7

WIE SIE VOM CRASH PROFITIEREN KÖNNEN

Als junger Kerl versuchte ich einst erfolglos, meinen Vater von der Attraktivität von Aktieninvestments zu überzeugen. Oberschlau, wie ich mich gab, führte ich statistische Gewinne von Aktien als Argument an. Er widersprach mir: „Hör mir uff mit Statistike! Die dreht mer, wie man se braucht!" Und weiter sagte mein Vater in seinem hessischen Dialekt: „Statistisch gesehen hätt der Bettler und der Millionär beide e halb Million. Dennoch hätt der Bettler de facto nichts zu esse." Der nicht hessisch argumentierende britische Premierminister und Weltkriegsgewinner Sir Winston Churchill hat es noch treffender formuliert: „Ich glaube nur den Statistiken, die ich selbst gefälscht habe." Auch wenn ich meinem Vater und Winston Churchill beipflichte, was den isolierten Wert von Statistiken angeht, so können Börsenstatistiken einem Anleger dennoch eine gewisse Orientierung geben. Bei allem gesunden Misstrauen – seriöse Statistiken spiegeln Trends wider! Und: Man kann sie auch gegen den Strich bürsten.

Statistisch gesehen dauert eine Hausse an der Börse mehr als dreimal länger als eine Baisse. Vergeuden Sie deshalb nicht Ihre Zeit dazwischen mit Timing, sondern kaufen Sie in der Baisse.

Dieser Satz ist wichtig! Kaufen Sie am Ende eines Abschwungs. Dazu müssen Sie zwei wesentliche Bedingungen erfüllen. Sie müssen zu diesem Zeitpunkt über finanzielle Mittel verfügen und Sie müssen erkennen können, wann eine Phase (Hausse oder Baisse) zu Ende geht. Charakteristisch für den Beginn einer Baisse ist der Crash – ein schneller und plötzlicher Zusammenbruch der Nachfrage nach Aktien, verbunden mit stark fallenden Kursen. Wie eine Schafherde flüchten Anleger panisch aus dem Investment. Das Ende eines Crashs wird markiert durch einen letzten großen Ausverkauf („Sell-off"). Zu diesem Ausverkauf ge-

DAX 1989 bis 2015

ben die noch verbliebenen verzweifelten Anleger zum Abschluss ihre Investments auf, die Umsätze steigen nochmals an. Börsenpsychologisch erleiden sie einen Knock-out. Wenn sich die letzten Verkäufer vom Markt verabschiedet haben, setzt sich die Baisse meist mit einer Seitwärtsbewegung und geringem Volumen im Aktienhandel fort. Aber, und das ist die Dialektik der Börse: Die Aktienkurse ziehen plötzlich – trotz aller Rückschläge – wieder an.

Eine weitere Dialektik, die ein guter Börsenprofi im Hinterkopf haben sollte: Es gibt politisch motivierte Krisen, die nie lange anhalten und dem antizyklischen Anleger – also dem, der nicht mit der Schafherde flüchtet – sofort als Steilvorlage zum Kauf dienen. Es ist eben keine anhaltende Flaute, nur eine relativ kurze Momentaufnahme einer vermeintlichen Baisse! Eine durchschnittliche Baisse (also ein Abschwung an der Börse mit fallenden Kursen) dauert zwischen 15 und 20 Monaten. Eine Hausse (ein Börsenboom mit steigenden Kursen) dagegen läuft mit 48 bis 56 Monaten circa dreimal so lange.

Das ist auch der Grund, weshalb Optimisten („Bullen", die auf steigende Kurse setzen) es an der Börse schlicht einfacher haben, Geld zu verdienen, als Pessimisten („Bären", die auf sinkende Kurse setzen). In der Hausse sind politische Krisen und sonstige starke Kurskorrekturen immer eine gute Gelegenheit, Aktien günstig zu erwerben. Eine ausgewachsene Baisse aber ist die viel bessere Gelegenheit, billig in Aktien einzusteigen. Nur braucht man dafür auch deutlich mehr Geduld und Disziplin.

MEIN EIGENER CRASH

„Wie macht man an der Börse ein kleines Vermögen? Indem man zuvor mit einem großen Vermögen anfängt." Dieser Börsenwitz ist zwar uralt, aber dennoch steckt viel Wahres darin. Die andere Weisheit lautet: „Die Börse ist keine Einbahnstraße!" Sie zielt in dieselbe Richtung. Konkret gesprochen: Man muss Verluste aushalten können und nicht (wie meine berühmte Schafherde) in Panik verfallen. Diese letztere Erfahrung musste ich allerdings erst selbst machen. Meine Börsentaufe hatte ich beim Mini-Crash vom Oktober 1989 erlebt. Diese Börsenerschütterung hatte ich gerade einmal verdaut, als schon der nächste Crash auf mich wartete. Viele meiner Börsenkollegen kauften Anfang des Jahres 1990 eine kanadische Minen-Aktie namens Bema Gold. Deren Kurs würde bald durch die Decke gehen, hieß es in meinem Umfeld. Alle meine Kollegen hatten die Aktie bereits gekauft. Und nun kribbelte es auch in meinen Fingerspitzen. Erstmals beschloss ich, Aktionär eines Unternehmens zu werden. „Einmal muss man den Sprung ins kalte Wasser wagen", dachte ich mir. Also kaufte ich mir 2.000 Bema Gold zu zehn DM an der Börse in Toronto – einfach so. Ich wähnte mich schon als künftigen Millionär, obwohl ich (mit den Spesen gerechnet) noch in der Verlustzone lag. Es dauerte kaum vier Wochen, da fiel der Kurs der Aktie auf 9,20 DM und verblieb auf diesem Niveau. Aber das konnte meinen Glauben an die Aktie nicht erschüttern. Als dann aber monatelang nichts mehr passierte und der Kurs auf 8,50 DM fiel, verabschiedete ich mich tief enttäuscht von Bema Gold, der ersten Aktie meines Lebens. Im Nachhinein fragte ich mich dann, was ich falsch gemacht hatte, denn insgesamt hatte ich (mit Gebühren) schmerzhafte 3.500 DM Verlust gemacht. Nach einigem Nachdenken erkannte ich, dass der Wunsch, unbedingt dabei sein zu wollen, der Hauptgrund für meine Teilnahme am Hype um „Bema Gold" gewesen war. Im Klartext: Die Gier hatte mein Hirn gefressen! Psychologisch gesehen wollte ich nicht der einzige aus meiner Brokergruppe sein, der nicht von der Aktie profitierte. Tatsächlich aber zahlte ich als einer der wenigen wirklich drauf, weil alle anderen Kollegen die Aktie viel früher und profitabler gekauft hatten als ich. Die Kollegen hatten eine Zeit lang von märchenhaften Gewinnen geschwärmt, von der Aktie, der „perfekten Welle", die uns alle reich machen sollte. Sie hatten aber die Aktie rechtzeitig verkauft, bevor sie ins Bodenlose fiel. Und ich? Ich war darauf hereingefallen, ich hatte einen Fehler gemacht, ich hatte Verlust gemacht – und viel für mein Leben gelernt. Fehler macht schließlich jeder, aber was man daraus lernt, ist viel wichtiger.

Was ich aus dem persönlichen Misserfolg bei meinem ersten Aktieninvestment mitnahm: Niemals blindlings der Schafherde von Anlegern hinterherzutrotten, sondern sich immer eigenständig Gedanken über die Geldanlage zu machen! Nicht mit den Surfern die nächstbeste Welle abwarten, sondern antizyklisch agieren und auf die großen Wellen warten! Ich gebe gerne zu, dass ich für diese Einsicht einige Zeit gebraucht habe. Man muss vielleicht sogar erst einmal an der Börse verloren haben, bevor man die „perfekte Welle" erkennen und davon profitieren kann. Deshalb mein ganz persönlicher Tipp für Sie als Einsteiger oder Noch-nicht-ganz-Profi: Kaufen Sie in der Baisse, wenn Sie langfristig denken! Jeder Crash ist für einen cleveren Anleger keine Katastrophe, sondern eine riesige Chance!

Viele Anleger hingegen kaufen zyklisch. Dabei legen sie in der Mehrzahl ein Verhalten wie meine (leider unverwüstliche) Schafherde an den Tag. Im Boom kaufen sie alles und in der Krise flüchten sie kopflos in alle Richtungen. „Rein", wenn alle investieren wollen – und „raus", wenn alle verkaufen wollen. So verhalten sich Anfänger. Das Gegenteil ist richtig. Kaufen, wenn kaum Interesse an einem Unternehmen herrscht, und verkaufen, wenn alle die Aktie als vermeintliche „perfekte Welle" erkannt haben wollen. Antizyklisches Anlageverhalten ist nach meiner Erfahrung die wichtigste Strategie, um dauerhaften Erfolg an der Börse zu haben. Eine Grundregel, die ich nicht oft genug wiederholen kann – auch nicht in diesem Buch: Mit dem Kauf macht man den Gewinn! Zusammengefasst und wie ein gerahmtes Bild an die Wand zu hängen: Eine Hausse (Aufschwung) dauert dreimal länger als eine Baisse (Abschwung)! Vergeuden sie nicht Ihre Zeit dazwischen mit Timing, sondern kaufen Sie Aktien in der Baisse. Und dann warten Sie auf die „perfekte Welle"! Dafür brauchen Sie *Geduld, Disziplin* und *Kapital.*

GEDULD

In Börsenboom-Zeiten werden Ihnen viele Menschen von märchenhaften Gewinnen vorschwärmen, die Ihnen zu entgehen drohen. Die Finanzindustrie wird Ihnen in Werbespots und Anzeigen vorgaukeln, dass Sie unbedingt dabei sein müssen. „Jetzt oder nie!" wird es in Börsenspielen heißen. Denken Sie aber immer daran, dass die Finanzbranche von Ihren Gebühren lebt! Je mehr Kunden, desto höher die Einnahmen – völlig unabhängig von den Resultaten und Renditen, die für Sie als Kunde erwirtschaftet werden. Denn es wird nichts verschenkt. Vergessen Sie nie, dass Klappern zum Handwerk gehört. Als Anleger sollten Sie Geduld bewahren und sich nicht nervös machen lassen. Es gibt immer wieder neue Chancen für einen Einstieg. Denn: Abgerechnet wird am Ende!

DISZIPLIN

Woher wollen Sie wissen, wann der richtige Zeitpunkt zum Einstieg gekommen ist? Als Anleger müssen Sie zunächst unterscheiden, ob Sie einmalig oder regelmäßig anlegen wollen. Wenn Sie regelmäßig – zum Beispiel monatlich – etwas von Ihrem Gehalt abzweigen und dafür einen DAX-ETF kaufen wollen, dann ist der Zeitpunkt für den Einstieg nicht so relevant, auch wenn günstiges Einkaufen dem Geldbeutel nie schadet. Warum ist es nicht relevant? Weil Sie in diesem Fall kontinuierlich einkaufen und damit über Jahre sowohl zu günstigen Preisen als auch zu teuren Preisen einkaufen werden. Daraus ergibt sich ein durchschnittlicher Einstiegspreis für Ihr Investment, der Sie langfristig gut verdienen lässt.

Wenn Sie allerdings einen Einmalbetrag anlegen wollen, dann ist der Zeitpunkt des Einstiegs extrem wichtig. Mit dem Kauf – ich wiederhole mich gerne – macht man den Gewinn! Warten Sie also auf den richtigen Zeitpunkt. Disziplin ist angesagt. Wann kommt der richtige Zeitpunkt für den Einstieg? Einzelne negative Übertreibungen an der Börse sind einerseits ein guter Zeitpunkt, um in ausgewählte Aktien einzusteigen, wenn die favorisierten Unternehmen substanziell gesund sind. Sollte der Grund für die Übertreibung aber dauerhafter Natur sein, ist es für einen Einstieg zu früh.

KAPITAL

Wenn Sie Geduld und Disziplin an den Tag gelegt haben, bleibt nun noch der Blick auf das Geld für die Geldanlage. Sie sollten zunächst nur die Hälfte Ihres geplanten Investmentbudgets einzahlen. Warum nur die Hälfte und nicht den gesamten Betrag, den Sie anlegen wollen? Weil man normalerweise nie sicher sein kann, ob man gerade den absoluten Tiefpunkt der Baisse erwischt hat. Bei einem langen Anlagehorizont ist das nicht so wichtig, aber je kürzer

Ihr Kapital angelegt werden soll, desto wichtiger ist es, den Tiefpunkt zu erwischen. Nochmals zur Erinnerung: In der Baisse liegt Ihre Chance! In der Hausse – um es populistisch auszudrücken – investiert jeder Depp!

P.S.: Wir unterscheiden zwei Typen von Negativ-Übertreibungen an der Börse. Zum einen die einzelne Negativ-Übertreibung, die sich auf Unternehmen oder Branchen auswirken kann. Zum anderen die Baisse, welche die gesamte Börse erfasst und alle Aktien und Branchen betrifft. Zunächst zeige ich Ihnen deshalb Beispiele für Negativ-Übertreibungen aus einzelnen Branchen auf – sowohl eines, bei dem ein Kauf zu empfehlen ist, als auch eines, bei dem ein Verkauf zu empfehlen ist.

DAS PRINZIP „DAMOKLESSCHWERT“

Ich erzähle Ihnen zunächst eine Legende aus der Antike, die bemerkenswert modern ist. Damokles, ein Höfling des Dionysios, des Königs von Syrakus, war sich der Gefahr, in der er schwebte, nicht bewusst. Er saß dem Herrscher gegenüber und speiste mit ihm auf einem großen Fest. Lange hatte er auf diesen Moment gewartet. Mit seiner Position am Hofe war er unzufrieden gewesen. Bei jeder sich bietenden Gelegenheit hatte er dem König geschmeichelt und die Vorzüge von Reichtum und Macht hervorgehoben. Damokles hatte sich davon die Aufmerksamkeit des Königs versprochen, was seinen ehrgeizigen Plänen förderlich gewesen wäre. Nach Reichtum und Macht hatte er gegiert. Da saß er nun an der königlichen Tafel und speiste mit den Mächtigen des Landes, ohne zu ahnen, dass der Herrscher ihn längst durchschaut hatte und entschlossen war, dem ehrgeizigen Höfling eine Lektion zu erteilen! Unmittelbar über dem Emporkömmling schwebte drohend ein Schwert an der Decke – nur gehalten von einem Rosshaar. Als Damokles zufällig nach oben sah und das Schwert bemerkte, konnte er die künstlerischen Darbietungen, den Wein und die kulinarischen Köstlichkeiten nicht mehr genießen. Auch seine errungene Position bei Hofe erschien ihm plötzlich unwichtig. Solange er sich der Gefahr nicht bewusst gewesen war, hatte er nach immer mehr gestrebt. Doch nun wäre er mit dem Erhalt seines nackten Lebens mehr als zufrieden gewesen. Denn Reichtum und Erfolg sind vergänglich. König Dionysios hatte Damokles eine Lehre erteilt, die er nie mehr vergessen sollte.

Und die Moral von der Geschichte? Wenn ein Damoklesschwert ein Unternehmen oder eine ganze Branche nachhaltig bedroht, hat man als Anleger dort nichts zu suchen und sollte sich mit dem Erreichten begnügen!

Sehen wir uns dazu zwei Branchen näher an. Die Bankenbranche ist in den letzten Jahren kaum aus den Negativschlagzeilen herausgekommen. Die Finanz- und Wirtschaftskrise hat den Banken stark zugesetzt. Viele Institute hatten sich derartig verzockt, dass sie ohne staatliche Rettungspakete nicht mehr existieren würden. Sie mussten sich – de facto vom Steuerzahler – mit Hunderten von Milliarden Euro retten lassen. Die Kurse fielen in den Keller. Wäre das jetzt ein guter Zeitpunkt für Sie zum Einstieg als Investor? Eher nicht! Entwarnung war und ist hier aus zwei wesentlichen Gründen nicht angesagt. Die Regierungen der westlichen Staaten waren verärgert über die Rolle der Banken in der Krise. Die Politiker erklärten öffentlich die Banken zu den alleinigen Verursachern der Finanzkrise und als solche wurden der Bankenbranche mehr oder weniger sinnvolle Regeln auferlegt, welche eine Neuauflage der Krise unmöglich machen sollten. Banken gehören natürlich zu den Hauptverursachern der Finanzkrise, aber auch die Regierenden haben sich durch allzu lasche Gesetzte mitschuldig gemacht und schieben nun den „Schwarzen Peter" den Banken zu. Die Banken in Europa sind seitdem an die Leine gelegt und verdienen dadurch deutlich weniger Geld für ihre Aktionäre. Das ist auch gut so. Wenn sie dank der staatlichen Kontrollmaßnahmen eine geringere Gefahr für die Allgemeinheit darstellen, können wir zufrieden sein. Der andere Grund, weshalb Bank-Aktien derzeit kein Kaufobjekt sind, hängt ebenfalls mit den Nachwehen der Finanzkrise zusammen. Es ist das Strafgesetzbuch der Justiz! Die Banken werden von ehemaligen Kunden auf Schadenersatz verklagt. Überall auf der Welt laufen Klagewellen gegen Banken wegen ihres Geschäftsgebarens. Ganz besonders viele Klagen laufen im verbraucherfreundlichen Amerika, Prozesse, die sich über die kommenden Jahre hinziehen werden. Ausgang ungewiss – oder wie ein altes Sprichwort sagt: „Auf hoher See und vor Gericht befindest du dich in der Hand Gottes!" Niemand weiß, was kommt. Das Damoklesschwert hängt weiterhin über der gesamten Branche. Um das zu ändern, haben einige Banken zwischenzeitlich ihre Strategie geändert und versuchen, sich gütlich mit ihren Ex-Kunden zu einigen. So zahlte beispielsweise die US-Bank JPMorgan Chase staatlichen Institutionen insgesamt 5,1 Milliarden Dollar Entschädigung als Wiedergutmachung für den Verkauf von Ramschanleihen vor der Krise. Insgesamt muss sich das Unternehmen gegen Klagen in Höhe eines zweistelligen Milliardenbetrags wehren. Strafzahlungen in ähnlichen Größenordnungen könnten in Zukunft auch auf europäische Banken zukommen. Die Prozesse laufen noch und weitere kommen dazu. Die Skandale um Zinsmanipulationen erschüttern die gesamte Branche und werden weitere Rücklagen erforderlich machen – eine scheinbar niemals (oder jedenfalls nicht in absehbarer Zeit) endende Geschichte.

Anders verhält es sich, wenn der Donner schon verklungen ist. Ein positives Beispiel sind die Versorger. Nehmen wir konkret die E.on AG. Das Unternehmen ist ein bekannter Stromversorger in Europa. Einen großen Teil der Einnahmen erzielte E.on mit Atomstrom. Als Angela Merkel und ihre Regierung nach dem Atomunfall von Fukushima im März 2011 den Ausstieg Deutschlands aus dem Atomprogramm beschlossen und die Energiewende verkündeten, wurden die Stromanbieter buchstäblich auf dem falschen Fuß erwischt. Sie hatten zu dieser Zeit noch voll auf ihre Atommeiler und Kohlekraftwerke gesetzt – mit langfristigen Verträgen, über die bis heute mit der Regierung prozessiert wird. Das änderte aber nichts daran, dass der Beschluss der Bundesregierung Bestand hat. Auf die plötzliche Entscheidung hin fiel der Kurs der Aktien binnen kürzester Zeit ins Bodenlose – von 27,50 Euro auf rund zwölf Euro. „Never catch a falling knife!" heißt es in diesem Fall. Der Kurseinbruch war nicht verwunderlich. Hatte E.on 2010 noch 8,4 Milliarden Euro eingenommen, blieb 2013 mit 3,2 Milliarden Euro nicht einmal mehr die Hälfte in den Kassen hängen. Auch die Dividende wurde halbiert. Doch das Schlimmste hat der Konzern hinter sich. Vor Kurzem trat E.on die Flucht nach vorne an und verkündete die Neuausrichtung des Konzerns auf erneuerbare Energien bei gleichzeitiger Abspaltung der herkömmlichen Energieträger wie Kohle, Gas und Atomstrom. Dieser Bereich soll eigenständig an die Börse gebracht werden und somit Kapital für Investitionen in erneuerbare Energien einbringen. Ein Grund für die Neuausrichtung dürfte der Preisverfall bei konventionellem Strom sein. Die Preise sind wegen der Kraftwerks-Überkapazitäten und des Ausbaus des Ökostroms seit Anfang 2013 um mehr als ein Viertel gefallen. Also setzt das Unternehmen auf Ökostrom. Das wird vorübergehend viel Geld kosten. Der Stromversorger hat trotz hoher Schulden jedoch genügend Substanz, um sich diesen Herausforderungen zu stellen. E.on zahlt traditionell auch eine gute Dividende für seine Aktionäre. Aktuell liegt die Dividendenrendite bei circa 4,5 Prozent. Wo bekommen Sie das aktuell geboten? Die Lage kann sich natürlich auch schnell zum Schlechten verändern. Trotzdem mein Tipp für Sie: Derzeit bietet E.on – antizyklisch betrachtet – eine gute Perspektive, während andere Aktienkurse längst (noch!) auf einem Rekordhoch notieren. Vergessen Sie aber nicht: Vom Gipfel eines Berges bleibt nur noch der Weg nach unten!

Was auf einzelne Kursabschläge zutrifft, gilt erst recht für den Fall eines übergreifenden Kurseinbruchs – den Crash. Ein Crash leitet in der Regel das Ende einer Hausse an der Börse ein. Und der nächste Crash kommt bestimmt. Das vorauszusagen ist keine Kunst. Das nächste Gewitter wird kommen. Man muss es nur lange genug herbeischreien oder herbeischreiben, um recht zu behalten. Deshalb sind mir auch diese „Vööschel" (Frankfurter Börsensprache), diese Crash-Propheten, die aus ihren Nestern kommen, sobald an der Börse mal die Kurse einknicken, ein echter Dorn im Auge. Sie faseln wichtigtuerisch vom Weltuntergang und machen damit den Menschen bloß Angst. Sie tun allwissend und bestehen darauf, dass diesmal der Absturz besonders schlimm sein wird. Doch das ist meist nur Effekthascherei und zielt auf das Geschäft mit der Panik. Die Schafherde der Anleger soll vor ihnen hergetrieben werden. Seien Sie gewiss, dass auch am Morgen nach dem nächsten Crash die Sonne wieder aufgehen wird. Selbst nach dem schlimmsten Crash der letzten hundert Jahre erholten sich die Aktienkurse wieder und die Erde dreht sich nach wie vor weiter. Zugegebenermaßen waren im Falle der Krise von 2007 dramatische Rettungsaktionen der Staats- und Notenbankchefs vonnöten, um unser Finanz- und Wirtschaftssystem zu retten. So nahe war der Zusammenbruch der Weltwirtschaftssysteme noch nie in der Nachkriegsgeschichte des Kapitalismus. Dennoch trafen die Prognosen vieler Schwarzseher nicht ein. Anstatt dreistellig, wie von vielen prognostiziert, ist der DAX im Januar 2015 fünfstellig bei gut 10.000 Punkten. Die Theorie des Zusammenbruchs – da irrte schon Karl Marx – wurde wieder einmal nachhaltig widerlegt.

Und um den alten kommunistischen Vordenker noch einmal zu widerlegen: Ein Crash kann auch viel Gutes haben! Für diejenigen unter Ihnen, die noch auf eine Chance warten, billig in Aktien einzusteigen – ein Crash ist die perfekte Gelegenheit. Wenn im Supermarkt etwas im Sonderangebot verkauft wird, regen wir uns doch auch nicht auf, sondern langen doppelt und dreifach zu. An der

Börse wird im Crash-Fall der „Jüngste Tag" ausgerufen. Doch der nächste Crash kommt bestimmt! Und danach wieder einer! Allein seit meinem Dienstantritt an der Börse im Sommer 1989 habe ich sechs Crashs erlebt. Und ich lebe immer noch.

Ich hatte mich an der Frankfurter Börse binnen zwei Jahren (und einem Crash) vom Anfänger zum „gefühlten Experten" gemausert. Nun stand mein zweiter Crash bevor. Am 2. August 1990 marschierten irakische Truppen in Kuwait ein und besetzten das ölreiche Emirat. Unter Führung der Vereinigten Staaten wurden daraufhin, nach langen Verhandlungen mit Saddam Hussein und den NATO-Partnern, im Februar 1991 Truppen in die Region verlegt, die die Iraker aus Kuwait vertrieben. Der DAX hatte sich in der Zwischenzeit vom Mini-Crash von 1989 wieder erholt und lag bei 1.950 Punkten – 300 Punkte höher. Als sich der Krieg anbahnte, fielen die Kurse in der Folge auf 1.350 Punkte. Warum? Weil Krieg schlecht ist für das zivile Geschäft! Sobald aber klar wurde, dass Saddam Hussein und sein Regime keine Chance gegen die alliierte Armee hatten und nur eine kurze Intervention nötig werden würde (das Damoklesschwert war abgehängt), erholten sich die Kurse sehr schnell. Als dann der Angriff zur Befreiung Kuwaits im Februar 1991 begann, erreichte der DAX bald wieder 1.600 Punkte. Was von einigen Medien als „Kriegsgewinnler-Mentalität" bezeichnet wurde, war de facto nur die Erwartung der Anleger gewesen, dass „politische Börsen" sehr kurze Beine haben. Mit Freude der Börsianer über das Geschehen oder gar Gleichgültigkeit gegenüber den Opfern und des Leidens der Zivilbevölkerung hat diese Finanzmarktreaktion überhaupt nichts zu tun. Es war die Erwartung eines schnellen Endes der Krise, was die Anleger kaufen ließ, als die ersten Schüsse fielen. Prononciert (und für manchen Zeitgenossen vielleicht auch provokant) ausgesprochen: „Politische Börsen" (wie durch Kriege oder Regierungskrisen ausgelöste) haben eine kurze Halbwertszeit und eignen sich deshalb perfekt zum Einstieg in den Aktienmarkt. Auch so funktioniert Dialektik – der alte Karl Marx möge uns Börsianern verzeihen.

Der dritte Crash folgte dem zweiten auf dem Fuße. Michail Gorbatschow, der 1985 zum Generalsekretär der Kommunistischen Partei der Sowjetunion gewählt wurde, hatte in den folgenden Jahren mit seiner „Glasnost"-Politik für Entspannung zwischen Ost und West gesorgt. Dies geschah nicht zuletzt durch demokratische Veränderungen in einem kommunistischen Land. Doch vor allem veränderte er die Wirtschaft mit seinem Programm der „Perestroika" und der damit verbundenen Umgestaltung der planwirtschaftlichen Wirtschaftsstruktur gegen den Widerstand von Militär und Partei. Als Gorbatschow dann auch noch die deutsche Wiedervereinigung mit Bindung an die NATO akzeptierte und sich seine Zustimmung von der Bundesregierung durch Kredite honorieren ließ, lief das Fass über. Im August 1991 putsche das Militär gegen den Generalsekretär und setzte ihn in seinem Urlaubsort auf der Krim fest. Das geschah an einem Sonntagabend. Am darauffolgenden Montag versuchten die Putschisten, in Moskau alle wichtigen Ministerien und strategischen Punkte zu besetzen, doch der Präsident der Russischen Republik, Boris Jelzin, stellte sich den Militärs erfolgreich entgegen. Die Börsen eröffneten an diesem Montag mit deutlichen Kursabschlägen und der DAX verlor in den nächsten Tagen bis zu zehn Prozent seines Wertes. Er fiel von 1.650 Punkten auf fast 1.500 Punkte, denn die Unsicherheit über die offene Frage, wer die Atomsprengköpfe der Sowjetunion kontrollierte, ließ Anleger schaudern und in Scharen der Börse den Rücken zukehren. Altes Leid, altes Lied: Die Schafherde läuft bei Gefahr in alle Richtungen davon! Doch bereits zwei Tage später brach der Putsch aufgrund fehlender Unterstützung in der Bevölkerung und des Widerstandes des russischen Präsidenten in sich zusammen. Das Damoklesschwert war – wieder einmal – verschwunden. Die Börsen erholten sich und der DAX hatte wenige Tage später wieder sein Vorkrisenniveau bei 1.650 Punkten erreicht. Und was lernen wir daraus? Ich kann es nicht oft genug wiederholen: „Politische Börsen haben kurze Beine."

MEIN ABSCHIED VON DER BÖRSE

Ich persönlich konnte der Börse nach sechs Jahren beruflich nichts mehr abgewinnen. Ich hatte zu viele Fragen und zu wenige Antworten. Warum steigen Kurse? Was verursacht einen Crash? Wie kann man diese Kursbewegungen vorhersagen? Auf all diese Fragen und auf viele weitere hatte ich keine Antworten. Deshalb beschloss ich, ein Studium der Betriebswirtschaftslehre zu beginnen und der Börse zunächst den Rücken zu kehren. Da ich auch meine Sprachkenntnisse ausbauen wollte, entschied ich mich für ein Studium in den Vereinigten Staaten.

Nach erfolgreichem Studium und meiner Rückkehr nach Deutschland wechselte ich meinen Arbeitgeber, kehrte aber dennoch an die Börse in unterschiedlichen Funktionen zurück. Im Jahre 1997 erlebte ich dann den nächsten Crash, den „Asian Crash". Kapital aus Westeuropa und den USA war verstärkt in Länder Asiens investiert worden. Vor allem Banken vergaben bevorzugt in dieser Region Kredite. Nach massivem Wirtschaftswachstum galt Asien Mitte der 1990er-Jahre als „Eldorado", als eine Region, in der Milch und Honig fließen. Dabei stand aber nicht Japan im Mittelpunkt, das immer noch mit den Folgen der Krise von 1990/91 kämpfte, sondern vielmehr die als „Tigerstaaten" bekannt gewordenen Länder in Südostasien: Südkorea, Taiwan, Singapur. Doch 1997/1998 beendete eine schlimme Krise die Expansion dieser Region schlagartig und führte die Welt an den Rand einer Weltwirtschaftskrise. Das abrupte Ausbleiben von internationalem Kapital verursachte diese Krise. Der japanische Nikkei-Index brach während der Asienkrise um ein Drittel ein. Und auch die anderen Weltbörsen wurden kräftig durchgeschüttelt, bevor sich der Sturm legte. Nur Japan verblieb für mehr als 20 Jahre im Tal der Tränen.

Der vierte Crash wurde dann im Jahre 2000 als das „Platzen der Dotcom-Blase“ bekannt. Die Freigabe und anschließende Versteigerung der UMTS-Lizenzen durch den Staat ermöglichte den deutschen Telefongesellschaften die schnellere Nutzung des Internets durch neue Breitbandnetze. Vorrangig Multimedia-, Biotechnologie- und Telekommunikations-Unternehmen strömten an die Börse in den „Neuen Markt“, um durch einen Börsengang den Kauf der Lizenzen zu finanzieren. Diese von der Deutschen Börse entwickelte Plattform erleichterte es auch jungen Unternehmen, sehr viel Geld einzusammeln. Nur wurden dabei die Hürden der Zulassung derart niedrig angesetzt, dass auch einige unseriöse und substanzlose Geschäftsideen den Zugang zu Geldquellen fanden. Kurzzeitig, gegen Ende des letzten Jahrtausends, gaben diese „New Economy“ genannten Firmen den Ton an den internationalen Börsen an und lösten einen beispiellosen Hype an der Frankfurter Börse aus. Kleine Klitschen (und das schreibe ich ohne jede Polemik!) mit fünf Mitarbeitern und 20 Kunden hatten an der Börse phasenweise den gleichen Gegenwert wie Siemens oder Daimler-Benz mit ihren Hunderttausenden von Mitarbeitern! Eine Aktie eines Unternehmens wie Mobilcom war zwischenzeitlich 1.000 DM wert und hatte 2.000 Prozent (!) an Kurswert hinzugewonnen – eine klassische „Blasenbildung“, bei der selbst die traditionell börsenskeptischen Deutschen zu einem Volk der Spekulanten verkamen. Es war, wieder einmal, der alte Routinier und Börsenguru André Kostolany, der den Untergang des „Neuen Marktes“ in einem Gespräch mit dem Chef von Mobilcom in der „NDR Talk Show“ vom 4. September 1998 exakt voraussagte und den „Neuen Markt“ als reinen Betrug bezeichnete – mit gezinkten Karten und ausgewiesenen Falschspielern. Er sollte recht behalten mit seiner Vorhersage. Im März 2001 erreichte der DAX seinen vorläufigen

Höchststand mit 8.136 Punkten, der erst im Sommer 2013 wieder erreicht werden konnte. Ausgelöst durch die erste Pleite im „Neuen Markt“, die windige Internetfirma Gigabell (gegründet von einem ehemaligen Schlagersänger), verloren die Anleger schnell jegliches Vertrauen in „New Economy“. Der gesamte „Neue Markt“ brach drastisch ein und wurde 2003 von der Deutschen Börse aufgelöst. Auch der DAX verlor innerhalb weniger Monate mehr als 50 Prozent seines Wertes. Der Terroranschlag auf das World Trade Center in New York am 11. September 2001 („Nine Eleven“) und der anschließende Golfkrieg zwischen den USA und dem Irak gaben den Börsen den Rest und der DAX fiel bis März 2003 auf 2.138 Punkte. Drei Viertel des Gegenwerts im DAX vom März 2001 hatten sich in Luft aufgelöst. Dies war – und ich bin kein Zyniker, nur ein Börsianer – die beste Gelegenheit, in Aktien einzusteigen. Oder um es nochmals und zum wiederholten Mal zu sagen: Die „perfekte Welle“ kommt mit dem Crash!

Damit könnte ich es eigentlich an dieser Stelle bewenden lassen. Für den skeptischen Leser habe ich aber noch eine kleine Geschichte parat – und die spielt ausnahmsweise nicht in der Antike. Lesen Sie selbst!

Zu Beginn des Jahres 1965 betrat ein unscheinbar aussehender, freundlicher junger Mann ein kleines mittelständisches Textilunternehmen in New Bedford im US-Bundesstaat Massachusetts. Einige Tage zuvor hatte er mit seiner Beteiligungsgesellschaft die Mehrheit an dem kleinen Textilhersteller erworben und war nun, mit gerade einmal 35 Jahren, dessen Präsident. Erfahrungen mit der Textilbranche hatte er keine und das bereits seit längerer Zeit rote Zahlen schreibende Textilunternehmen war auf den ersten Blick kein Schnäppchen gewesen – und wie sich herausstellen sollte, galt das auch auf den zweiten Blick. Die Textilindustrie im Nordosten der Vereinigten Staaten war tief in die Krise geraten. Sie litt unter hohem Konkurrenzdruck durch die Konkurrenz aus dem

Süden des Landes. Die aufkommenden Billigimporte aus Fernost taten ein Übriges, die Krise anzuheizen. Warum der junge Mann mit seiner Gesellschaft das Unternehmen erwarb, verstand kaum jemand. Der am 30. August 1930 in Omaha geborene und bescheiden auftretende Mann war dennoch von dem Deal überzeugt und kaufte sich in das Unternehmen ein, da er glaubte, dass die Firma preislich fair bewertet sei. Ihm war der Ruf vorausgeeilt, ein gewisses Talent in Finanzfragen zu haben. Er hatte alle Vermögenswerte zusammengerechnet und war zu dem Ergebnis gelangt, dass sich eine Beteiligung lohnen müsste. Nach seinem Wirtschaftsstudium an der Universität von Nebraska und seinem nachfolgenden Abschluss zum Master an der Columbia University hatte er bereits einige Erfahrungen im Finanzsektor gesammelt. Er war ein Anhänger seines Lehrers an der Columbia University, des legendären Benjamin Graham (Begründer der Aktienanalyse). Bei dieser Investmentstrategie sind für eine Beteiligung an einem Unternehmen nur das fundamentale Vermögen (Immobilien, Bargeld, Beteiligungen, Maschinen et cetera) sowie eine solide Marktstellung ausschlaggebend. Unsichere Faktoren wie die Hoffnung auf zukünftige Gewinne spielen dabei eine untergeordnete Rolle. Im Laufe der vier Jahre nach dem Kauf sollte der neue Präsident aber feststellen, dass in der Textilindustrie kein Geld zu verdienen war. Die Beteiligung an dieser Textilfirma und ihr späterer Umbau zum Investmentunternehmen stellten jedoch den Startschuss für eine große Karriere dar und in den darauf folgenden Jahrzehnten sollte dieser Mann weltberühmt werden und zum drittreichsten Mann der Welt avancieren. Dazu wurde der bis heute unscheinbar wirkende Warren, wie der Mann mit Vornamen hieß, eine Börsenlegende, das „Orakel von Omaha". Was war das Geheimnis seines Erfolges?

1969 entschloss sich der junge Warren Buffett, so heißt der unscheinbare Mann mit vollem Namen, seinen Partnern Anteile an seiner neuen Investmentfirma zum Tausch anzubieten. Das Textilunternehmen hatte in den vier Jahren, seit er es gekauft hatte, zwar nicht das gehalten, was er sich erwartet hatte, aber aus dieser Fehleinschätzung hatte er die richtigen Schlüsse gezogen. Er stellte die Weichen für den Ausstieg aus dem Textilgeschäft und beteiligte sich mit dem Geld der Firma an Unternehmen aus anderen Branchen. Damit wurde das Kapital auf verschiedene Bereiche aufgeteilt und das Risiko dabei gestreut. Für 43 US-Dollar konnten seine Partner die Pferde wechseln und sich 1969 am neuen Unternehmen beteiligen. Im August 2014 war ein einziger Anteil von Berkshire Hathaway 200.000 US-Dollar wert und damit die teuerste Aktie der Welt. Berkshire Hathaway ist bis heute eine sogenannte Holdinggesellschaft, die Aktien von Unternehmen billig kauft und teuer verkauft. Die Strategie von Berkshire Hathaway ist seit der Gründung dieselbe geblieben. Das Anlageziel ist langfristig und die Value-Strategie von Warren Buffett hat sich als eine der erfolgreichsten Anlagestrategien aller Zeiten herauskristallisiert.

Schauen wir uns ein Beispiel an, wie Warren Buffett vorgeht. Eine typische Umsetzung seiner Strategie ist die Beteiligung an der US-Investmentbank Goldman Sachs – eines der erfolgreichsten und aggressivsten Investmenthäuser der Welt. Auf dem Höhepunkt der Finanz- und Wirtschaftskrise lieh Warren Buffett der Bank dringend benötigte und überlebenswichtige fünf Milliarden Dollar. Der Preis, den die Bank dafür zahlen musste, war hoch. Im ersten Schritt ließ sich Buffett eine zehnprozentige Dividende garantieren. Ferner gehörte zum Deal, dass Buffett eine Option für weitere Aktien im Wert von fünf Milliarden Dollar erhielt. Damit konnte er, wenn er wollte, eine Aktie zum Festpreis von 115 Dollar erstehen. Der Preis der Goldman-Sachs-Aktie lag im Dezember 2014 bei 177 Dollar. Buffett investierte also zehn Milliarden Dollar – im Crash – in eine klamme Top-Bank und verdiente damit binnen fünf Jahren geschätzte 13,7 Milliarden Dollar.

Und was schließen wir daraus? Keine Panik vor dem Crash! Oder wie die Mathematiker nach der erfolgreichen Ableitung der Richtigkeit einer Formel auf Lateinisch sagen: „Quod erat demonstrandum!" Was zu beweisen war!

KAPITEL 8

AKTIEN: IN NEUN SCHRITTEN ZUM ERFOLG!

Wie werden Sie zu einem erfolgreichen Aktienanleger? Vielleicht kommen wir der Antwort auf diese Frage näher, wenn wir uns meine persönliche Entwicklung anschauen. Wie wird aus einem Fußballprofi ein erfolgreicher Börsianer und Kapitalmarktstratege? Das ist für viele verwunderlich, denn schließlich haftet Fußballern das Klischee an, dass sie viel in den Füßen, dafür aber wenig im Kopf haben. Für ihren großartigen Intellekt oder ihre überragende Intelligenz sind viele Fußballprofis jedenfalls nicht unbedingt berühmt. George Best von Manchester United wurde in diesem Buch bereits zu Beginn des Buches zitiert. Aber es gibt, um diese Klischees zu bedienen, noch einige Kadetten. Da wäre Horst Szymaniak, der von 1957 bis 1964 zu den besten Fußballern Europas zählte und der für seine Rechenkünste in die Geschichte einging. „Schimmi" spielte ab 1961 in Italien. Der Vereinspräsident von CC Catania wollte mit Szymaniak nach einer grandiosen Saison frühzeitig zu verbesserten Konditionen verlängern. Er kam eines Tages nach einem Training in die Kabine und bot „Schimmi" einen neuen Vertrag und ein Drittel mehr Gehalt an. Doch Szymaniak lehnte die Offerte entrüstet ab – mit der Begründung: „Unter einem Viertel mach ich et nit!"

Auch Fritz Walter junior – nicht zu verwechseln mit dem großen Fritz Walter, einem der 1954er-Helden von Bern – hatte es nicht so mit dem Rechnen. Von Journalisten auf das Zusammenspiel mit seinem Stürmerkollegen Jürgen Klinsmann beim VfB Stuttgart angesprochen, stellte kurz und prägnant fest: „Jürgen und ich sind einfach ein Super-Trio." Auf Nachfrage eines Journalisten korrigierte er sich: „Ein Super-Quartett – meinte ich."

Es gibt aber auch sehr humorvolle und geradezu philosophische Aussagen von Kickern, die aufzeigen, dass es nicht so schlimm um die Intelligenz bestellt ist. So konterte einst der dunkelhäutige Ghanaer Anthony Baffoe – als Diplomaten-Sohn in Bonn geboren und später Bundesligaprofi – rassistische Äußerungen seines weißen Gegenspielers während eines Bundesligaspiels: „Junge, du kannst auf meiner Plantage arbeiten, wenn das mit Fußball nichts mehr wird.“ Auch Spieler von heute zeichnen sich durch geistreiche Wortgewandtheit aus. So meinte Nationalspieler Lukas Podolski auf die Frage eines Reporters, wie das kommende Spiel ausgehen werde, lapidar: „Fußball ist wie Schach, nur ohne Würfel!“ Jürgen Wegmann, der sich selbst „Kobra“ nannte und für Borussia Dortmund und den FC Bayern München in der Bundesliga stürmte, stellte nach einer Niederlagenserie fest: „Zuerst hatten wir kein Glück und dann kam auch noch Pech dazu.“ Viele Leser werden sich vielleicht fragen, wie das alles zusammenpasst. Wie kommt man als aktiver Sportler in dieser trockenen Finanzwelt klar? Welche Verbindungen bestehen zwischen diesen so unterschiedlichen Branchen?

Es gibt aber auch Beispiele für Fußballer, die nach ihrer Sportkarriere eine große Geschäftskarriere machten. Verbindet Profifußball etwas mit dem Big Business? Ähnlichkeiten zwischen der Fußball- und der Finanzwelt sind auf den ersten Blick kaum erkennbar. Bei genauerem Hinsehen drängen sich einem aber immer mehr Parallelen auf. Es gibt genügend Beispiele prominenter Spieler, die sehr erfolgreich den Sprung vom Stadion in die Geschäftswelt gemeistert haben. Das bekannteste Beispiel ist Günter Netzer, der die kurzen Hosen erfolgreich mit dem Nadelstreifenanzug getauscht hat. Einst bekannt und verehrt als Mittelfeldstratege bei Borussia Mönchengladbach in der legendären „Fohlen-Elf“, später Star bei Real Madrid und 1972 in der „besten Fußball-Nationalmannschaft aller Zeiten“ sogar Europameister, vermarktet er heute als Unternehmer sportliche Großveranstaltungen wie Fußball-Weltmeisterschaften und Olympische Spiele als Executive Director der internationalen Sportrechte-Firma Infront AG. Ein weiteres Beispiel für die zweite Karriere ist Adidas-Chef Herbert Hainer, der in der Amateurliga als Torjäger aktiv war und später zum Vorstandsvorsitzenden eines Weltkonzerns berufen wurde. Oder Robert Dekeyser, der als Schlussmann für den FC

Bayern München, den 1. FC Nürnberg und 1860 München das Tor hütete, 1990 das Möbelunternehmen Dedon gründete und bis zum heutigen Tage führt. 3.000 Mitarbeiter sind dort in über 80 Ländern beschäftigt.

Fußballer haben häufig bewiesen, dass sie durchaus auch im Zweireiher eine guter Figur machen – ganz entgegen dem Klischee vom dummen Kicker. Vielleicht ist dieser Sport nicht nur kein Nachteil, sondern sogar ein Gewinn. Warum? Vielleicht haben Mannschaftssportler einen Vorteil gegenüber Nichtsportlern, weil sie vieles über Menschen und deren Verhaltensweisen in der Gruppe gelernt haben. Sportler lernen, andere Menschen zu beobachten und einzuschätzen. Die Herausbildung von sozialer Kompetenz ist meiner Meinung nach die größte Errungenschaft – einer der wesentlichen Mosaiksteine auf dem Weg zum Erfolg. Zu wissen, wie man mit Menschen umzugehen hat, und Feinde von Freunden unterscheiden zu können, ist von unschätzbarem Wert im Laufe eines Lebens. Denn dies macht oft den Unterschied zwischen Erfolg oder Misserfolg aus. Zusätzlich lernen Sportler mit Erfolgen und Niederlagen besser umzugehen. Sie lernen, im Erfolg nicht übermütig zu werden und an Niederlagen nicht zu zerbrechen, sondern wieder aufzustehen und sich neuen Herausforderungen zu stellen. Hartnäckigkeit zahlt sich immer aus. Auch Leistungsdruck und der Umgang damit prägen Leistungssportler frühzeitig im Leben. Dies sind wichtige Erfahrungen, welche einem im weiteren Verlauf des Lebens berufliche Vorteile verschaffen können. Sport und Business stehen sich also sehr nahe.

Auch den Rasen und das Parkett verbindet in vielerlei Hinsicht viel mehr, als man gemeinhin denkt. Die offensichtliche Verbindung zwischen Fußball und Börse: Borussia Dortmund ist der einzige börsennotierte Fußballverein in Deutschland. Aber das ist nicht alles, was die beiden Welten miteinander verbindet. Beispielsweise werden schon kleinste Fehler in beiden Bereichen sofort drastisch bestraft. Das Spiel auf dem Parkett und das auf dem Rasen ist in den letzten Jahren deutlich schneller und dynamischer geworden, was vermehrt zu Fehlverhalten führt. Die Finanzmärkte und der Fußball stehen in besonderem Maße im Fokus der Medien und es wird täglich darüber berichtet. Das öffentliche Interesse sorgt für enormen Druck, dem sich die Verantwortlichen in den Chefetagen der Börsenunternehmen und auf dem Fußballplatz ausgesetzt sehen – und dies führt zu einer massiven Überforderung einiger Protagonisten und zieht in der Folge immer häufiger psychische Erkrankungen nach sich. Tendenz leider steigend! Es ist eine Entwicklung, die durch die permanente Erreichbarkeit über Mobiltelefone und soziale Netzwerke massiv gefördert wird. Ein Ende dieser Beschleunigung unserer Lebensabläufe ist absehbar. „Schneller, höher, weiter", so lautet die übergeordnete Maxime im Finanzwelt sowie im Profifußball. Ein Tempolimit, wie auf Autobahnen, wäre hier notwendig, ist aber nicht in Sicht.

Wie können Sie nun die beschriebenen Gemeinsamkeiten für Ihren Börsenerfolg nutzen? Was entscheidet letztlich über Erfolg oder Misserfolg? Ist es nur Pech, das den Ball an den Pfosten springen lässt und nicht ins Tor? Ist es nur Glück, dass man auf die richtige Aktie gesetzt hat? Ein wenig Glück gehört sicher dazu. Um jedoch nachhaltig Erfolg auf dem Parkett zu haben, braucht es einen Gesamtplan für Ihre Geldanlage und einen Plan für den Kauf von Aktien. Mit dem Gesamtplan haben wir uns schon ausgiebig in den letzten Kapiteln befasst. Kommen wir nun zum Investment „Erfolg mit Aktien". Eine erfolgreiche Finanz-Strategie muss hier an erster Stelle stehen. Die richtige zu finden und diese dann in Kombination mit der Einhaltung von bestimmten Regeln umzusetzen, das ist das Erfolgsrezept für Sie. Das Ziel ist es, ein Erfolgsverhältnis von 7 zu 10 hinzubekommen. Das heißt konkret, von zehn Investitionen siebenmal die richtige Aktie zum richtigen Zeitpunkt zu kaufen. Denken Sie daran: Beim Kauf macht man den Gewinn!

Ich möchte Ihnen mit meinen Strategien und Regeln zum Erfolg an der Börse verhelfen.

1. DIE RICHTIGE STRATEGIE

Zum erfolgreichen Fußball gehören ein Spielsystem, eine Aufstellung und eine individuelle Konzeption. Sie brauchen zunächst einen Matchplan. Der könnte im Fußball folgendermaßen aussehen: Man konzentriert sich auf eine defensive Grundformation, stärkt die Abwehr, versucht über Kontertaktik und Standardsituationen zum Torerfolg zu kommen. Oder man setzt alles auf die Offensive und beginnt die Partie mit vier Angreifern, mit viel Ballbesitz und Dominanz wie der FC Bayern München in den letzten Jahren. Die disziplinierte Einhaltung dieser unterschiedlichen Vorgaben ist der Grundpfeiler eines jeden Erfolgs. Je klarer die Vorgaben des Trainers und je entschlossener die genaue Umsetzung durch das Team, desto wahrscheinlicher ist der Erfolg im Rahmen der gegebenen Möglichkeiten. „Aus Mist kann man kein Gold machen", sagt mein Vater immer. Recht hat er. Aber Sie können Ihre Möglichkeiten durchaus versilbern. Als Anleger brauchen Sie einen geeigneten Schlachtplan für den Handel auf dem (rutschigen) Parkett. Und die disziplinierte Umsetzung der ausgewählten Leitlinie, also Ihrer Strategie, selbst bei großen Preisschwankungen ist ein wesentlicher Grundstein des späteren Erfolgs. Wie sehen solche Spielpläne an der Börse aus? Beispielsweise könnte Ihr Plan beinhalten, dass Sie Ihr Kapital auf viele starke, junge Unternehmen setzen, die eine große Zukunft vor sich haben könnten. Oder Sie wählen die defensive Variante und kaufen Aktien alteingesessener Firmen, die begrenzte, aber sichere Gewinne abwerfen und zusätzlich eine schöne Jahresdividende zahlen. Oder Sie setzen Ihr Geld auf mehrere Pferde, um so die Risiken zu minimieren. Welcher Matchplan, welche Strategie kommt für Sie infrage? Lassen Sie es uns herausfinden.

Es existieren Dutzende von Anlagestrategien. Ihnen alle näherzubringen ist nicht sinnvoll. Das verwirrt Sie nur und bringt uns vom Ziel ab. Deshalb habe ich die bekanntesten und geläufigsten Aktien-Investmentstrategien zusammengefasst und stelle Sie Ihnen an dieser Stelle vor.

Es gibt an der Börse viele Wege, die zum Erfolg führen – aber noch viel mehr, die das nicht tun. Sicherer Erfolg an der Börse ist aber nur über eine ausgewogene, auf Sie zugeschnittene Strategie zu erreichen. Es gibt kein einheitliches Erfolgsrezept, weshalb auch viele verschiedene Anleger versuchen, immer neue Varianten auszuprobieren, um Gewinne zu generieren. Es gab zum Beispiel eine Frauengruppe, die auf der Straße danach Ausschau hielt, welche Produkte die Menschen mit sich führen. Welche Mobiltelefone? Welche Handtaschen, Schuhe, Uhren, Mode, Schmuck? Danach kauften sie die Aktien der Hersteller. Für kurze Zeit ging das auch gut, aber dann kam 2008 der große Rückschlag, denn die Investitionen gingen ja nur in den Konsum. Und der ist wiederum sehr zyklisch: schlechte Wirtschaft, schlechte Aktienbewertung. Damit war man auf eine Sparte festgelegt.

Ihre individuelle Anlagestrategie sollte deshalb maßgeblich von zwei Faktoren beeinflusst werden: Risikobereitschaft und Zeithorizont. Es ist ein Unterschied, ob Sie das Kapital für die Rente ansparen oder mit dem Geld schnelle Gewinne machen wollen. Oder wie Sie mit der Frage umgehen: Halten Sie auch mal Verluste aus, ohne gleich in Panik zu verfallen? Panik ist der schlechteste Ratgeber, wie Sie wissen. Wichtig bleibt für Sie die Regel: Je länger der Anlagehorizont, desto höher darf das Risiko sein. Je kürzer die Anlagedauer Ihres Kapitals, desto weniger Risiko sollten Sie eingehen.

Der Wellenreiter

Sicher haben Sie schon einmal am Meer gesessen und den Surfern zugeschaut, wie sie vom Strand aus zur perfekten Welle starten. In ihren Neopren-Anzüge robben sie auf ihre Boards, um anschließend bäuchlings hinaus ins Meer zu paddeln bis zu der Stelle weit draußen, die sie für die richtige halten. Hier glauben sie, die perfekte Welle zu treffen. Sie warten dort auf dem Brett auf den richtigen Zeitpunkt. Auf die richtige Welle! Und warten! Und warten! Einige der Surfer fahren eine andere Strategie und wählen irgendwann auch eine kleinere Welle, um endlich ihrem Sport nachgehen zu können. Die anderen aber gedulden sich, bis starker Wind aufkommt, das Meer heftig in Bewegung gerät und der Surfer mit einem gewandten Sprung auf dem Brett zu stehen kommt, um auf der einen, der richtigen Welle zu reiten – auf der perfekten Welle. Genau so können wir uns auch die Auswahl einer Aktien-Investmentstrategie vorstellen. Warten Sie lieber auf die perfekte Welle? Oder bevorzugen Sie die kleinen Wellen, die öfter kommen, aber die Gefahr in sich bergen, schnell zu verebben und am Strand müde auszulaufen? Dabei fallen Sie, bildlich gesprochen, vom Brett und alles beginnt wieder von vorne. Auch andere Umstände wie Ebbe und Flut spielen hier eine große Rolle. Zu welcher Art von Surfern gehören Sie? Welche Strategie liegt Ihnen am meisten? Ich gebe Ihnen dazu meine wichtigsten und besten Tipps.

Prozyklische und antizyklische Strategie

In der modernen Wirtschaftstheorie spricht man von einem immer wiederkehrenden Kreislauf – genannt Wirtschaftszyklus – aus Wachstum, Boom, Abschwung und Depression einer Volkswirtschaft. Es gibt eine Reihe von Branchen, die relativ unabhängig von Konjunkturschwankungen sind und auf die sich die jeweiligen Pha-

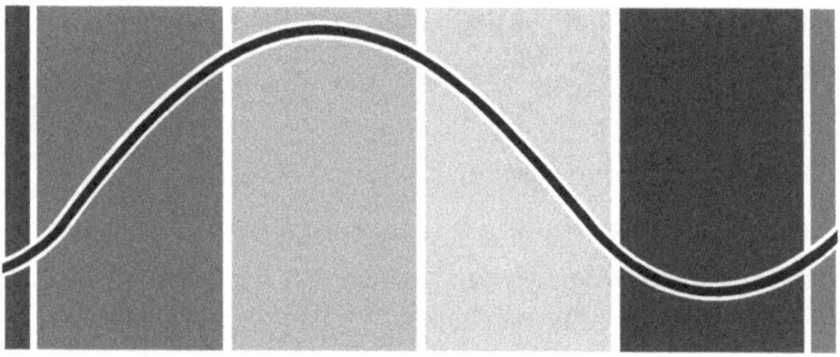

Die wirtschaftliche Entwicklung unterliegt ständigen Schwankungen. Beim Verlauf einer Konjunktur gibt es vier Phasen: den Aufschwung (Expansion), den Boom als Höhepunkt, den Abschwung (Rezession) und die Depression als Tiefphase. (Quelle: Bernard Ladenthin, Wikimedia Commons)

sen, bezogen auf Umsatz und Gewinn, nicht besonders stark auswirken. Versorgungsunternehmen wie E.on und RWE gehören dazu, wie auch einige Telekommunikations-Unternehmen und Luxusgüter-Hersteller. Andere Branchen wiederum sind deutlich anfälliger bei sich abschwächender Wirtschaftsentwicklung und profitieren dafür überproportional bei Wachstum. Zu den „Zyklikern" genannten Unternehmen gehören Firmen aus folgenden Branchen: Industrieunternehmen (Siemens, Linde), Rohstofferzeuger oder Weiterverarbeiter (Stahl), Groß- und Einzelhandel (Metro, Adidas und andere) sowie (immer mehr) auch Telefonanbieter.

An der Börse hat man daraus zwei Anlagestrategien entwickelt, welche die unterschiedlichen Trends (also steigende oder fallende Kurse) als Basis haben: gegen oder mit der Herde laufen! Die Anleger an der Börse werden oft mit einer Schafherde verglichen. Einige laufen mit der Herde, andere jedoch gerne in die entgegengesetzte Richtung. Wenn aber Gefahr im Verzug ist, wird die instinktive Fluchtbewegung vieler Investoren immer die gleiche sein:

verkaufen um jeden Preis! Aktionismus ist aber niemals eine Erfolg versprechende Strategie. Deshalb können Sie sich diese Instinktbewegung bei einzelnen Aktien unter Berücksichtigung der Wirtschaftsphasen in Form zweier grundsätzlicher Strategien zunutze machen.

Prozyklische Strategie

Wenn Sie sich für die prozyklische Anlagestrategie entscheiden, dann interessieren Sie sich für Unternehmen, die bereits einen starken Kursanstieg hinter sich haben, wie beispielsweise die Performance-Gewinner des letzten Börsenjahrs. Prozykliker vertreten also die Theorie, dass ein Unternehmen, bei dem es in letzter Zeit gut lief, eine Neubewertung nach oben erfährt und auch weiterhin Kurspotenzial nach oben hat. Das Risiko besteht hierbei darin, dass bereits viele Anleger in diese Aktie investiert haben und der Kurs nur dann steigt, wenn weitere Käufer hinzukommen. Zum Problem wird dies dann, wenn keine weiteren positiven Entwicklungen des Unternehmens erkennbar sind oder in Zukunft nicht absehbar werden – mehr Gewinn, mehr Umsatz, neue Märkte. Keiner weiß natürlich, ob (und wie lange) sich ein Kursanstieg fortsetzen wird, selbst wenn er bereits lange andauert. Sie laufen also mit der Herde.

Fazit: Spekulativ! Etwas für erfahrene Anleger oder Profis! Der Zeitpunkt des Ein- und Ausstiegs muss clever gewählt werden. Das Portfolio wird häufig umgeschichtet.

Antizyklische Strategie

Die antizyklische Strategie ist einer meiner Favoriten. Hier investieren Sie gegen die Prozykliker in Werte, die einen Kursverlust erlitten haben. Zwar gilt die Regel: Never catch a falling knife! Greife nie in ein fallendes Messer! Sie versuchen aber herauszufinden, welches Unternehmen einen *übertriebenen* Kursverfall erlitten haben könnte. Gegen den Herdentrieb: Hauptsache raus! Sie investieren also in Unternehmen, die unterbewertet sind, weil sie auf einen Wert gefallen sind, der Ihrer Meinung nach nicht dem tatsächlichen Wert entspricht. Beispielsweise waren einige Unternehmen während der Finanz- und Wirtschaftskrise im Jahr 2008 an der Börse unter ihrem Buchwert bewertet – ein Extremfall. Mit anderen Worten: Amerikanische und deutsche Blue-Chip-Aktien wurden unter ihrem realen Wert gehandelt. Das nenne ich die „Königin der Übertreibung". Man kann es jedoch keinesfalls zur Gesetzmäßigkeit erklären, dass ein Kurs, der bereits die Hälfte seines Wertes verloren hat, nicht noch tiefer fallen kann. Nehmen wir die Versorger RWE und E.on, die unter dem Atomausstieg dramatisch zu leiden haben. Der größte Teil an Umsatz und Gewinn war hier dem Atomstrom zu verdanken. Wirkt sich der Ausstieg nur kurz- oder auch langfristig aus? Beide Unternehmen sind gezwungen, künftig viel Geld in die Hand zu nehmen, um auf erneuerbare Energien zu setzen. Diese Investitionen kosten viel Geld, das bedeutet weniger Gewinn und die Aktionäre stehen wegen der geringeren oder gar gestrichenen Dividendenausschüttung schlechter da. Die Substanz der beiden großen Versorger ist jedoch groß und die deutschen Stromnetze müssen weiterhin gewartet werden, weshalb diese Unternehmen eines Tages diese Transformation überwunden haben und wieder höhere Gewinne und Umsätze generieren werden. Als langfristiges Investment sind sie jetzt interessant. Das Gleiche gilt für den Stahlhersteller ThyssenKrupp. Mittlerweile verdient das Unternehmen viel mehr Geld mit dem Bau von Aufzügen und in anderen Geschäftsbereichen. Mit Stahl verdient man seit Jahren kaum noch Geld. Da aber das ehemalige Management von ThyssenKrupp die Entwicklung nicht kommen sah, investierte es zuvor noch kräftig in zwei Stahlwerke in Brasilien und in den USA. Diese kosteten

ThyssenKrupp Milliarden, weil die Fabriken nicht fertig wurden und weil man einerseits falsch plante und andererseits den Widerstand der Bevölkerung gegen Umweltsünden falsch einschätzte. Ein jahrelanger Leidensweg liegt nun hinter den Aktionären. Das US-Werk wurde aber verkauft, in Brasilien ist die Produktion endlich angelaufen und ein Ende des Abschwungs ist für den Aktienkurs von ThyssenKrupp absehbar. Auf mittel- und langfristige Sicht gesehen ist ThyssenKrupp ein interessantes Unternehmen im Rahmen der antizyklischen Strategie. Denken Sie an die Surfer: Warten Sie auf die perfekte Welle, die Sie bis an den Strand trägt.

Fazit: Spekulativ! Etwas für Interessierte und Profis! Der Grund des Kursverfalls muss auf kurze oder lange Auswirkungen bewertet werden. Es dauert erfahrungsgemäß seine Zeit, bis ein Anleger diese Fähigkeit entwickelt hat.

Wachstums-Strategie (Growth)

Wenn Sie Ihr Kapital in Wachstums-Aktien investieren, wählen Sie Aktien von Unternehmen aus, die potenzielle Kandidaten für ein überdurchschnittliches Wachstum von Gewinn und Umsatz sind. Technologie-Werte wie die Computer-, die Software- und die Informationstechnologie gehören dazu. Oft sind es Unternehmen, die aufgrund neuartiger Produkte großen Erfolg in der Zukunft erwarten lassen. Hohe Wachstumsraten sind oft die Regel. Apple und Google gehörten einst dazu, wenngleich auch diese mittlerweile etabliert sind. Tesla Motors (der US-Elektro-Automobilhersteller), Facebook oder das chinesische Online-Kaufhaus Alibaba dagegen sind als innovative Jungunternehmen geradezu prädestiniert für die Wachstums-Strategie. Der Aktienkurs an der Börse baut sich grundsätzlich aus zwei Bausteinen auf: einerseits dem substanziellen, realen Vermögen des Unternehmens, das den wahren Wert des Unternehmens widerspiegelt. Anderseits kommt noch die positive Erwartung der Anleger an die zukünftige Entwicklung der Firma hinzu. Das Verhältnis von Substanz und Hoffnung im Kurs variiert nach Branche und Struktur. Im Bereich der Wachstumswerte ist fast alles Hoffnung und auf kommende Gewinne ausgerichtet. Klingelt dann die Kasse, gibt es einen Run auf die Aktie und der Preis explodiert. Kommt er nicht und die Erwartungen werden enttäuscht, fällt der Kurs an der Börse noch viel schneller als ein Stein. Die Erwartung oder Hoffnung liegt hier nicht auf hohen aktuellen Gewinnen. Eine Kennzahl, die Sie sich merken sollten, ist das Kurs-Gewinn-Verhältnis (KGV). Wachstumsaktien haben ein hohes KGV. Ein hohes KGV bedeutet, dass der Aktienkurs der Unternehmen relativ hoch ist – im Vergleich zu den erwirtschafteten Gewinnen des Unternehmens. Tesla Motors beispielsweise kann bisher gar keine Gewinne aufweisen. Der Kurs und das Investment in das Unternehmen basieren auf Glaube und Hoffnung. Seien Sie deshalb nicht gleich entrüstet! Denken Sie daran: Wenn Sie bei Ihrer Bank 500 Euro einzahlen, basiert Ihr Guthaben bei der Bank auch nur auf Glaube und Hoffnung, dass Ihre Bank nicht pleitegeht und dass Ihre Forderung über 500 Euro weiter Bestand hat. Große Fantasie und viel Zuversicht sind das, was sich bei diesen Aktien auszahlt. Die Kurse fußen weniger auf realen Werten als auf künftigen Gewinnerwartungen und sind deswegen vergleichsweise hoch (in Relation zu konservativen Aktien). Wichtig zu wissen: Wachstums-Unternehmen zahlen oft keine Dividende. Dafür gibt es zwei Gründe. Entweder werden die erwirtschafteten Gewinne sofort in das Unternehmen reinvestiert. Denn nur so können die teuren Forschungs- und Entwicklungskosten gestemmt werden, um die innovativen Ideen umzusetzen und hohe Wachstumsraten zu ermöglichen. Oder die Altinvestoren streichen den geringen Gewinn sofort ein – Geldgeber (wie Hedgefonds, Investmentbanken,

Eigenkapitalfonds), die diesen Wachstums-Unternehmen bereits vor dem Börsengang Kapital zur Verfügung gestellt haben und im Erfolgsfall schnell Kasse machen wollen. Dies war übrigens ein wesentlicher Grund dafür, weshalb die Facebook-Aktie beim Börsengang viel zu teuer war und daraufhin monatelang abstürzte, bevor sich der Kurs stabilisierte. Die Investoren wollten Geld sehen. Heute steht das Unternehmen wieder gut da und wird oberhalb des Emissionskurses, dem Kurs vom Tag des Börsengangs, gehandelt. Wenn sich die Erwartungen bestätigen, profitiert man mit der Wachstums-Strategie von hohen Kursgewinnen.

Fazit: Spekulativ – mit hohen Schwankungsrisiken beim Kurs und riesigen Gewinnchancen zu Beginn des Börsengangs. Verluste muss man aushalten können. Etwas für Experten, denn hier weicht man von der Regel ab. Hohes Risiko bei kurz- und mittelfristigem Anlagehorizont. Hohes Risiko bei kurzer Laufzeit. Häufige Änderungen der Portfolio-Zusammenstellung sind meist notwendig.

Vermögens-Strategie (Value)

Es gibt Anleger, die wertorientiert, also nach dem Vermögens-Ansatz, investieren. Dabei werden hauptsächlich etablierte Firmen ausgesucht, also Unternehmen, die bereits über eine lange Historie, stark steigende Umsätze und Gewinne und über ein etabliertes Geschäftsmodell verfügen. Das KGV liegt hier generell deutlich niedriger als bei den Aktien der Wachstums-Strategie. Blue Chips werden hier bevorzugt. Der Name „Blue Chips" stammt übrigens aus dem Kasinomilieu. Blaue Jetons (Chips), jene mit dem höchsten Wert, wurden erstmals im Spielkasino von Monte Carlo ausgegeben. Diese Farbgestaltung setzte sich alsbald weltweit in den Kasinos durch. Angelehnt an diese legendären Jetons werden auch etablierte hochwertige Aktien als „Blue Chips“ bezeichnet. Bei der Vermögens-Strategie wird hauptsächlich in diese stabilen Unternehmen investiert. Typischerweise gehörten hier lange Zeit Banken- und Versicherungstitel dazu. Unter den Folgen der Finanzkrise leidet diese Branche jedoch bis heute – besonders europäische Banken und (aufgrund des anschließenden Niedrigzins-Niveaus) auch die Versicherer. Wichtige Kennzahlen sind bei diesen Unternehmen ein niedriges KGV, ein niedriges Kurs-Buchwert-Verhältnis (KBV), eine hohe Dividendenrendite und ein überdurchschnittliches Wachstum von Umsatz und Gewinn. Das hört sich kompliziert an, ist es aber nicht. Alle Kennzahlen sind leicht auf Internetseiten zu finden. Und wenn man einige Erfahrungen gesammelt hat, fällt es einem sogar leicht. Wenn es Ihnen dennoch zu viel wird, können Sie sich auch die besten Aktien des letzten Jahres herauspicken und sehen, zu welcher Branche diese gehören. Das geht einfach – durch Klicks auf die Internetseiten der Börsen oder auch auf Wallstreet Online, Finanzen.net oder ähnliche Websites. Sie müssen nach etablierten Unternehmen suchen, die eine langfristig stabile Umsatz- und Gewinnentwicklung aufweisen und damit eine stabile Marktstellung innehaben. Der Kurs einer Aktie solcher Unternehmen basiert auf soliden substanziellen Werten und nur zu einem kleineren Teil auf Kurserwartungen. Bei Vermögens-Unternehmen können Sie sich auf eine hohe Dividende und beständige Kursentwicklungen einstellen. Natürlich gelten diese Aussagen nur für „normale Zeiten“ und sind ohne Gewähr. Im Falle eines Crashs fallen nämlich (nahezu) alle Aktien – nur eben unterschiedlich stark. Dafür ist der Einstieg dann wiederum günstig. Mein Tipp: Es ist die perfekte Welle! In Deutschland zählen die großen Autohersteller, Siemens, Allianz oder Linde dazu.

Fazit: Für Anfänger geeignet! Etwas für konservative, auf Sicherheit bedachte Anleger! Verluste fallen in normalen Zeiten

weniger stark aus. Für den langfristigen Horizont geeignet. Portfolio-Umschichtungen sind selten notwendig. Dividenden zahlen sich aus. Hier herrscht ein langfristiger Anlagehorizont mit kalkuliertem Risiko vor. Oder mit den Worten des Börsen-Gurus André Kostolany: „Aktien kaufen, schlafen legen und nach 20 Jahren wieder verkaufen!"

Dividenden- und Index-Strategie

Dividenden-Strategie

Dividenden sind die neuen Zinsen. In Zeiten der niedrigen Zinsen auf Sparguthaben werden die Gewinnbeteiligungen an börsennotierten Unternehmen immer attraktiver. Die Dividenden-Strategie ist eine Konzeption, die relativ einfach umzusetzen ist. Der Anleger sucht sich hier die Titel heraus, die beständige Kurse haben und eine hohe Dividende zahlen – und nimmt diese in sein Portfolio auf. Die Dividendenrendite ist die ausgeschüttete Dividende im Verhältnis zum Kurswert. Die Deutsche Telekom zählt hier zu den interessantesten Aktien. Man streicht auch bei Seitwärtsbewegungen an der Börse eine relativ konstante jährliche Rendite ein und ist nicht ausschließlich vom Kursverlauf der Aktie abhängig. Die 15 DAX-Werte mit der höchsten Dividendenrendite sind im DivDAX gelistet. Schauen Sie einfach auf den Internetseiten der Direktbanken nach. Durchschnittliche Dividendenrenditen bis zu sechs Prozent sind keine Seltenheit. Und nun schauen Sie doch mal auf Ihrem Sparbuch nach, was dort aktuell *nicht* gezahlt wird.

Fazit: Ebenfalls für Anfänger geeignet! Etwas für konservative, auf Sicherheit bedachte Anleger! Hier herrscht ein lang-

fristiger Anlagehorizont mit kalkuliertem Risiko vor. Die Dividendenrendite gleicht eventuell sogar anfallende Verluste aus.

Index-Strategie

Die Mischung macht es! Deshalb ist eine Verteilung Ihres Kapitals auf die besten Werte – nach finanzwissenschaftlichen Untersuchungen – die effizienteste Anlagestrategie. Und es gelingt langfristig auch fast keinem Fondsmanager, besser als sein Vergleichsindex (Benchmark) abzuschneiden. Was bedeutet das? Zur Erinnerung: Fonds sind Investmenttöchter (meist von Banken), die Ihr Geld in Ihrem Auftrag anlegen möchten. Dies wird aktiv von einem Manager erledigt, den Sie natürlich bezahlen müssen – neben Gebühren und Aufschlägen, was Ihre Gewinne schmälert, sofern der Manager welche erwirtschaftet hat. Da deren Erfolgsbilanz zudem selten besser als die des Index ist, ist es durchaus ratsam, direkt in den Index oder noch besser in verschiedene Indizes zu investieren. Der DAX ist beispielsweise solch ein Index. Die 30 größten deutschen Unternehmen werden in diesem Index abgebildet – wie eine Fieberkurve der größten Unternehmen der deutschen Wirtschaft. Steigt die Kurve, geht es den Firmen gut, sinkt die Kurve, geht es ihnen weniger gut. Ein Index spiegelt die Gesundheit der darin enthaltenen Unternehmen wider. Das Gleiche gibt es auch für den deutschen Mittelstand unter dem Namen MDAX mit 50 Aktien. Dazu kommen noch einige andere Indizes. In den USA ist der Leitindex der Dow Jones, in Tokio ist es der Nikkei. Um aber die gesamte Struktur eines Aktienindex in seinem Depot nachzubilden, ist es nicht sinnvoll, jede einzelne enthaltene Aktie zu kaufen. Das wäre umständlich und teuer. Stattdessen ist es viel sinnvoller, verschiedene Anlageprodukte zu kaufen, welche die Indizes exakt nachbilden. Dazu eignen sich für Anfänger zum Beispiel (wegen der Einfachheit) ETFs (börsengehandelte

Fonds), wie bereits im Kapitel 2 („Börsianisch für Anfänger") erklärt. Durch eine Investition in Indizes ist zudem eine breite Streuung des Kapitals gewährleistet, wodurch die individuellen Risiken der Unternehmen kaum noch ins Gewicht fallen. Außerdem fallen für den Anleger weniger Gebühren an, da ETFs nicht aktiv, sondern nur passiv gemanagt werden müssen. Allerdings ist hier zu beachten, dass Sie nicht direkt Eigentümer der Unternehmen werden, sondern nur einen Anteil am Fondsvermögen erwerben. Dafür aber ist Ihr Anteil an einem Fonds rechtlich über das sogenannte Sondervermögen geschützt. Jeder Fonds muss das angelegte Kapital als Anlagekapital vom Rest des Unternehmens trennen. Geht der Fonds pleite, ist das Sondervermögen vor Gläubigern geschützt. Anders ausgedrückt: Ihr Geld ist bei einer Pleite des Fonds sicher. Das gilt für alle Fonds, auch für Termingeld- und Geldmarktfonds.

Fazit: Auch für Anfänger geeignet! Die Streuung des Risikos steht hier an erster Stelle! Kursschwankungen sind überschaubar – außer in Krisenzeiten. Hier herrscht ein langfristiger Anlagehorizont mit kalkuliertem Risiko vor. Aktuell (Anfang 2015) sehen wir aber Rekordniveaus im DAX und im Dow Jones. Aber heulen Sie nicht mit den Wölfen: Warten Sie mit dem Wiedereinstieg – Geduld ist Geld. Die perfekte Welle!

2. SOLIDE FINANZEN

Eine seriöse Finanzierung von Investitionen ist sowohl im Fußball als auch an der Börse ein wesentlicher Bestandteil von nachhaltigem Erfolg. Im Fußball werden Investitionen in Spieler meist über Kredite fremdfinanziert. Im Anschluss erhoffen sich die Vereine, die Ausgaben über den zu erwartenden sportlichen Erfolg refinanzieren zu können, was meines Wissens noch nie wirklich gelungen ist. Das Einzige, was wächst, ist der Schuldenberg. Deshalb wechseln immer mehr deutsche Fußballklubs die Strategie und setzen unter anderem auf die Refinanzierung durch Nachwuchsförderung oder die Stärkung der Kapitaldecke durch strategische Partnerschaften mit langfristigen Investoren. Der FC Bayern München macht es vor und übernimmt damit eine Vorreiterrolle im internationalen Fußball. Der Gang an die Börse wurde trotz der Gründung einer Aktiengesellschaft bewusst nicht angetreten. Doch Kapital musste beschafft werden, um die Allianz Arena zu finanzieren und Starspieler zu verpflichten. Statt über einen Börsengang verschafften sich die Münchner einen großen finanziellen Vorteil gegenüber der nationalen und internationalen Konkurrenz über die Beteiligung strategischer Partner – Adidas, Allianz SE, Audi – an der FC Bayern München AG. Mittlerweile gehört der deutsche Rekordmeister zu den reichsten Fußballklubs der Welt. Bis auf den Stadionbau der Allianz Arena wurde nahezu alles mit Eigenkapital finanziert, das 360 Millionen teure Stadion (samt Großparkhaus) wurde vorfristig abbezahlt. Das Geheimnis des Erfolges liegt unter anderem in der Finanzierungsform mit eigenem Geld. Borussia Dortmund, der einzige an der Frankfurter Börse gelistete Bundesligaklub, ist ebenfalls umgeschwenkt und hat strategische Partner an der Kapitalgesellschaft des BVB beteiligt. Ich bin überzeugt, dass der nachhaltige wirtschaftliche und sportliche Erfolg der Westfalen nicht dauerhaft ausbleiben wird, wenn man an dieser Strategie festhält, während andere Fußballklubs, durch Fremdmittel (Kredite) finanziert, immer mehr in die Schuldenfalle abdriften. Dieser Trend war in den letzten Jahren bereits deutlich zu erkennen. Deshalb sollte im Fußball die Fremdfinanzierung immer mehr durch ausgeglichene Haushalte und Eigenkapital abgelöst werden. Was nehmen wir davon für unser Investmentverhalten mit?

Vom Schuldenmachen ist generell abzuraten. Eigenkapital ist Trumpf – nicht nur, aber ganz besonders an der Börse! Die Fremdfinanzierung von Investments über Kredite ist extrem gefährlich und meist nicht sinnvoll – vom Kauf einer Immobilie, die die meisten Menschen nicht aus Eigenmitteln finanzieren können, einmal abgesehen. Aber auch hier gilt: Ohne Eigenmittel ist ein Investment wirtschaftlich meistens unvernünftig. Die wenigsten bringen die nötige Disziplin mit, um rechtzeitig die Reißleine zu ziehen, falls das Investment in die falsche Richtung läuft – bevor es dann die Bank tut. Investieren sollte man also nur, wenn man liquide ist, damit man auch die nötige Ausdauer mitbringt. So können Sie frei darüber entscheiden, mit welcher Strategie Sie kurz-, mittel- oder langfristig in eine bestimmte Aktie investieren möchten. Große Banken wollen Ihnen weismachen, es gebe gute und schlechte Schulden. Das ist natürlich blanker Unsinn. Unser gesamtes Wirtschaftssystem basiert auf Schulden. Jeder Euro, der frisch gedruckt die Europäische Notenbank in Frankfurt verlässt, ist bereits mit Schulden belastet. Denn bevor mit dem Geld irgendetwas gemacht werden kann, fallen bereits Zinsen auf das Geld bei der Zentralbank an. Aktuell sind es zwar so wenig wie nie zuvor in der Geschichte des Euro (0,05 Prozent), aber es sind dennoch Schulden. Geschäftsbanken, Großunternehmen, Großindustrielle und vermögende Privatleute sind die ersten, welche diese Kredite aufnehmen und an die Bürger über Kredite und Investitionen weitergeben. Die Schulden müssen letztlich natürlich bezahlt werden. Raten Sie mal, wem letztlich die Aufgabe der Schuldenrückzahlung zufällt. Der Verbraucher zahlt die Rechnung dafür! Je mehr Schulden jeder macht, desto mehr Zinsen müssen gezahlt werden und desto mehr Geld bleibt bei Banken, Großunternehmen und vermögenden Bürgern. Zinsen sind der Treibstoff, der das Schuldensystem am Leben hält. Ergo werden die Bürger dazu angehalten, immer weiter Schulden zu machen. Das Rad muss sich ja weiterdrehen. Eine völlig falsche Strategie!

Viele unserer Eltern und Großeltern kauften sich, was sie sich leisten konnten. Für den Rest sparten sie so lange, bis sie es kaufen konnten. Der wirtschaftliche Erfolg unserer Altvorderen ist sicherlich auch der Tatsache geschuldet, dass sie genügsam lebten, überschaubar konsumierten und dadurch Vermögen aufbauten. Davon profitiert besonders die heutige Generation, die auch die „Erbengeneration" genannt wird. Schulden macht sie abhängig von ihrer Bank. Das wiederum engt ihren Entscheidungsspielraum ein und beeinflusst dann letztlich ihre Entscheidungen. Das Schuldensystem, in dem wir leben, macht uns zu Sklaven des Zinseszinses. Allein 2013 gab es in Deutschland 141.332 private Insolvenzen (Quelle: Statistisches Bundesamt). Konsum durch Schulden gaukelt zunächst einen höheren Lebensstandard vor, als man sich leisten kann. Optisch günstige Raten verlocken zum Finanzkauf eines teuren Autos, der Luxuscouch oder des neuesten Handys. Mit der Zeit setzen aber die Rückzahlungsraten den Schuldner unter Druck und das dicke Ende kommt, wenn man die Raten nicht mehr bedienen kann. Höchst gefährlich wird dies bei Aktien-Investments. Wie schon mehrfach betont, ist die Börse keine Einbahnstraße. Aktienkurse unterliegen Schwankungen, dem Konjunkturzyklus, politischen Krisen oder dem Zinsniveau. Es gibt viele Einflüsse, die Kurse bewegen können. Da ist eine Bank, die plötzlich ihren Kredit zurückgezahlt haben möchte, kein strategischer Partner. Eine Geldanlage, besonders in Aktien und in Derivaten, sollte deshalb aus Ihren eigenen Mitteln erfolgen. Ob 50 Euro monatlich beim Fondssparen oder 10.000 Euro einmalig in Index-ETFs – Sie sollten das Geld flüssig haben. Damit können Sie allein bestimmen, was Sie mit dem Kapital anstellen wollen. Sie bestimmen über die Dauer, Art und Strategie Ihrer Geldanlage. Die solideste Finanzierung Ihrer Geldanlage fängt mit Ihrem eigenen Geld an.

3. TIMING

Wie bei so vielem im Leben spielt das Timing eine große Rolle, besonders bei kurzfristigen Anlagezielen. Wenn lange genug beobachtet wurde und die Zeit des Handelns gekommen ist, muss auf dem Rasen wie auf dem Börsenparkett schnell und konsequent agiert werden. Timing und Anlagehorizont hängen dabei eng miteinander zusammen. Je langfristiger das Investmentziel, desto geringer die Bedeutung des Einstiegs! Und umgekehrt, je kurzfristiger der Horizont, desto wichtiger ist das Timing des Einstiegs. Im Fußball ist das der Steilpass nach plötzlichem Ballgewinn. Langfristig ist der Matchplan entscheidend, also auf dem Rasen der schnelle Konterfußball, der von so vielen Fans geliebt wird. An der Börse ist die Handlungsschnelligkeit ein wertvolles Gut und eine unverzichtbare Fähigkeit, um Erfolg zu haben. Den richtigen Zeitpunkt zum Investieren zu erkennen ist die eine Qualität, die man an der Börse langsam entwickeln muss. Dann aber auch schnell zu handeln und am Markt aktiv zu werden – das ist die andere Qualität. Nachdem Sie eine passende Strategie ausgewählt haben (Wachstum, Wert, prozyklisch, antizyklisch et cetera), agieren Sie nach diesem Muster. Gerade am Anfang fällt es oft schwer, zu handeln. Trotzdem mein Rat: Springen Sie ins Wasser! Sie können mit kleinen Beträgen anfangen und dann langsam steigern. Fehler sind erlaubt, denn aus ihnen lernt man am meisten. Mit dem richtigen Timing beim Kauf verdient man das Geld an der Börse. Verkaufen Sie, wenn es Ihrer Überzeugung entspricht, zum Beispiel, wenn Sie Ihr Kursziel erreicht haben Und: Reden Sie sich nichts schön. Setzen Sie sich Ziele innerhalb Ihrer gewählten Strategie und setzen Sie diese um. Es funktioniert!

4. ANTIZIPATION

Das Vorausahnen von Situationen ist ein wichtiger Baustein für den Erfolg. Es enthält aber auch ein Element der Spekulation – und ist dadurch mit Risiken behaftet. Im Fußball nennt man das „ein Spiel lesen". Der Spieler versucht, die möglichen Aktionen des Gegners im Vorfeld zu erkennen, und reagiert deshalb früher als andere

Protagonisten. Das verschafft ihm einen mitunter wesentlichen Zeitvorteil, mit dessen Hilfe er das Spiel entscheiden kann. Auch der Börsianer versucht, sich diesen Zeitvorteil zu sichern, indem er Entwicklungen vorausahnt. Gerüchte, Informationen und das Erkennen von kausalen Zusammenhängen helfen dabei, den erfolgreichen Investor auf Kurs zu bringen. Dabei gilt es für Sie zu verstehen, dass Aktien mitunter eng zusammenhängen und sich gegenseitig beeinflussen – dass sie korreliert sind. Branchen beispielsweise sind eng miteinander verknüpft. Laufen die Geschäfte von Apple gut, kann man daraus Rückschlüsse auf die Geschäfte von Samsung ziehen, denn beide sind in der gleichen Branche und Konkurrenten. Apple gibt seine Umsätze und Gewinne immer einige Wochen vor Samsung bekannt. Dafür gibt es einen offiziellen Kalender. Dadurch kann man Rückschlüsse auf die kommenden Samsung-Ergebnisse ziehen. Meldet Apple gute Absatzzahlen, könnte das bei Samsung auch der Fall sein – und der Kurs von Samsung steigt vielleicht. Gold und der US-Dollar sind auch korreliert, hängen voneinander ab. Wer US-Dollar besitzen muss und von einem fallenden Dollar ausgeht, der kauft sich stattdessen Gold. Denn Rohstoffe werden in US-Dollar gehandelt. Damit entfällt das Währungsrisiko für den Anleger und der Goldpreis steigt meistens an, wenn der US-Dollar fällt. So werden Verluste minimiert.

Auch das Thema Zinsen, das wir bereits behandelt haben, korreliert mit Aktien. Niedrige Zinsen sind gut für Aktien, hohe Zinsen sind schlecht für Aktien. Hohe Zinsen entziehen den Aktienmärkten Kapital, das vermehrt in Anleihen fließt. Es gibt noch viele weitere Zusammenhänge und Abhängigkeiten, die es für Sie zu entdecken gilt. Oft kann man diese Verbindungen zu Geld machen, wenn man sie antizipiert hat. Das klappt aber nicht immer. Enttäuschungen und Fehleinschätzungen sind möglich. Deshalb ist das Erkennen und Vorausahnen von Zusammenhängen und damit von Kursveränderungen eher etwas für Fortgeschrittene.

5. LEIDENSCHAFT

Ein guter Fußballer bringt Herzblut mit in den Sport. Ohne diese Fähigkeit überstehen die Sportler das harte Training, die Verletzungen oder den Druck durch die Öffentlichkeit nicht. Eine Sache mit Leidenschaft verfolgen zu können ist in unserer Gesellschaft der Grundpfeiler des Erfolgs. Das Wort „Leidenschaft“ hat auch etwas mit Leid zu tun. Man sollte lernen, damit umzugehen. Dies ist kein Plädoyer für Blut, Schweiß und Tränen, aber Sie müssen sich für Ihr Geld intensiv interessieren. Es braucht ein gewisses Maß an Leidenschaft, um an der Börse Erfolg zu haben. Wenn Sie in Fonds investieren, könnten Sie es theoretisch natürlich dem Fondsmanager überlassen, das Nötige zu tun. Wenn Sie sich aber für eine Wachstums-Strategie und damit für Fonds entschieden haben, wird der Manager Sie nicht anrufen, wenn die Börse einbricht, und Ihnen zum Verkaufen raten. Denn er wird aus den Erträgen bezahlt. Je mehr Geld im Fonds ist, desto höher werden seine Einnahmen sein. Es ist aber Ihr Geld. Also kümmern Sie sich selbst darum. Bestimmen Sie Ihre Strategie selbst. Ändern Sie diese, wenn Sie es für richtig halten. Dazu müssen Sie am Ball bleiben und das Börsengeschehen (wenigstens im Ihnen möglichen Rahmen) am Bildschirm, über Internet oder in den Zeitungen verfolgen, damit Sie das Wesentliche nicht aus den Augen verlieren.

Noch etwas: Große Erfolge gründen sich oft auf Niederlagen. Aus negativen Erlebnissen zu lernen und mit Energie neue Investments einzugehen ist eine Kunst und nicht nur eine Wissenschaft. Diese Kunst gilt es zu erlernen.

6. DISZIPLIN

Der wohl wichtigste Erfolgsfaktor ist Disziplin. Im Sport müssen die Spieler eines Teams oft in Sekundenbruchteilen miteinander interagieren. Deshalb müssen vorher Leitlinien festgelegt und abgestimmt werden. Die disziplinierte Einhaltung der Strategie durch jeden Einzelnen ist von vitalem Interesse für den Teamerfolg. Deshalb müssen sich die Spieler in jeder Situation eines Fußballspiels an die vereinbarten taktischen Vorgaben halten. Auf dem Parkett ist strategische Planung und die disziplinierte Umsetzung genauso wichtig wie auf dem Rasen. Ein Kollege meinte einst zu mir: „Wenn du eine tolle Idee zu einer Aktie gehabt hast und diese dann kaufst, aber der Kurs um 15 Prozent fällt, dann war deine Idee völlig daneben und du hattest ein schlechtes Timing." Wie auch immer, das Resultat bleibt das gleiche. Die Idee war miserabel. Genau das ist es, was Sie sich beim Blick in den Spiegel sagen sollten: „Die Idee war schlecht." Also: Raus mit der Aktie! Um konsequent sein zu können, müssen Sie sich vor dem Kauf einer Aktie ein Verkaufslimit – einen Stoppkurs – setzen. Dafür gibt es mehrere Möglichkeiten – prozentual oder nominal.

Ein Beispiel: Sie kaufen die Aktie Alpha mit 25 Euro Market. Beim aktuellen Kurs von 25 Euro legen Sie für sich eine untere Grenze von 23 Euro fest (nominal) oder aber bei zehn Prozent Verlust (prozentual). Das Limit sollte Ihre Verluste begrenzen, aber nicht so knapp gesetzt sein, dass Sie bei kleineren, unbedeutenden Schwankungen ausgestoppt werden.

Es gibt zwei Möglichkeiten, Aktien zu handeln: Market oder Limitieren. *Market Orders* (Billigst- oder Bestens-Aufträge) werden an der Börse zum nächsten Preis einfach ausgeführt. Hier geht es um Schnelligkeit. Bei stark gehandelten Aktien ist das kein Problem, denn kleinere Orders wirken sich nicht auf den Kurs aus.

Limitierte Orders empfehle ich hingegen bei „exotischen" Aktien (unbekannte ausländische Aktien oder kleinere Unternehmen aus dem deutschen Mittelstand), weil es bei diesen Aktien zu extremen Schwankungen kommen kann. Eine Order wird mit einem Limit versehen und auch nur dann ausgeführt, wenn das Limit erreicht wurde. Das ist etwas für die Preisbewussten unter Ihnen. Der Kauf der Aktie Alpha mit 25 Euro bedeutet: nur Kauf bei 25 Euro oder niedriger. Der Verkauf mit 26 Euro der Aktie Alpha bedeutet: nur Verkauf bei 26 Euro oder höher.

Es gibt noch eine andere Art der limitierten Orders: die Stop-Orders. Das sind im ersten Schritt limitierte Orders, die inaktiv bleiben, bis das Limit erreicht wird. In unserem Beispiel ist das beispielsweise Verkauf Stop-Loss mit 23 Euro. Wird das Limit erreicht (Beispiel: Alpha Aktie 23 Euro), beim Kauf wie auch beim Verkauf, werden die Orders zum nächsten Preis dann Market ausgeführt. Aus Limit wird Market. Der Vorteil: Bei starken Verlusten werden die Orders automatisch verkauft, bei starken Gewinnen (Stop-Buy) automatisch gekauft. Letzteres hilft den prozyklischen Anlegern unter Ihnen. Der Nachteil: Die Orders sind starr am von Ihnen vorgegebenen Limit verankert. Bei größeren kurzfristigen Schwankungen können dadurch zwar begrenzte, aber dennoch schmerzliche Verluste entstehen.

Der Spaß an der Sache wird aber noch dadurch erhöht, dass es an der Frankfurter Börse sogenannte „Intelligente Ordertypen" (IO) gibt. Das sind limitierte Orders, die erst bei Erreichen des Limits ausgeführt werden – also nicht Market (zum nächsten Kurs), sondern zu den Kursen, die Sie festlegen! Diese „IO" sind perfekt für die Einhaltung der Disziplin und besonders interessant für Anleger, die ihr Depot nicht andauernd im Blick haben wollen und kurzfristig investiert sind. Die Nachteile der normalen Stop-Loss-Order gibt es hier nicht.

Es gibt immer bestimmte Gründe, an der Börse zu kaufen oder zu verkaufen. Ohne sie käme ein Handel an der Börse gar nicht erst zustande. Allerdings rate ich Ihnen, nie zu kaufen, ohne vorher einen Plan für den Ausstieg im Falle eines veränderten Szenarios aufzustellen. Fallen die Börsenkurse unter eine vorab von Ihnen bestimmte Grenze, sollte sich der disziplinierte kurzfristige Investor kompromisslos von seiner Position trennen. Besonders das schmerzhafte Umsetzen des Ausstiegs stellt viele Anleger vor große Probleme. Langfristig orientierten Anlegern gebe ich jedoch mit auf den Weg, sich einfach wieder schlafen zu legen, wie Altmeister André Kostolany schon vor Jahrzehnten den Investoren riet.

7. DURCHHALTEVERMÖGEN

„An der Börse ist 2+2 selten 4,
sondern viel eher 5-1. Man muss nur das Geld und die
Geduld haben, das ‚minus 1' auszuhalten."
(André Kostolany)

Auf das Durchhaltevermögen kommt es an. Je risikobereiter Sie sind, desto kürzer darf Ihr Anlagehorizont werden. Die psychische Widerstandsfähigkeit sollte gut ausgeprägt sein. Denn an der Börse muss man lernen, auch mit Rückschlägen zu leben. Risikobereitschaft und die Fähigkeit, auch Verluste aushalten zu können, kann und muss man lernen. Denken Sie immer daran: Aktien sind die beste und erfolgreichste Anlageform für die Rente. Langfristig sind Aktien sexy. Kurz- und mittelfristig brauchen Sie aber mitunter starke Nerven. Die sollten Sie entweder haben oder sie sich mit den Jahren aneignen, wenn Sie nachhaltig erfolgreich investieren wollen.

8. GEDULD

Geduld spielt eine wichtige Rolle für uns. Diese Eigenschaft sollte jeder Fußballtrainer und jeder Investor mitbringen. Nach neuesten Studien verändern Trainer bei einem Rückstand oft zu frühzeitig ihren Matchplan. Sie wechseln dann meist offensiv ein und kassieren daraufhin in der Folge oft eine noch höhere Niederlage.

Geduld im Spiel zeichnet sich dagegen meist aus. Die berühmt-berüchtigte Brechstange bei Rückständen in der Schlussphase sollte nur die „Ultima Ratio" sein. Und auch an der Börse brauchen Sie Geduld. Warten Sie auf die richtige Welle, um einzusteigen. Egal, ob Sie auf die perfekte Welle setzen und langfristig einsteigen wollen oder ob Sie auf die kleinen Wellen warten, die Sie als kurzfristig interessant erachten: Haben Sie im Rahmen Ihrer Ziele Geduld mit Ihrem Investment. Wenn Sie kurzfristige Ziele verfolgen, dann sollten Sie auf die kleinen Wellen achten. Was heißt das? Es bedeutet, dass man in Korrekturphasen – wenn die Börsenkurse fallen – keine Aktien besitzen muss. In eine laufende große Korrektur hinein kauft man nicht. „Never catch a falling knife" heißt der schon zitierte Börsianer-Spruch. Sie sollten sich zurückhalten und warten, bis die ersten Käufer zurückkehren. Meist erfolgt vorher ein sogenannter „Sell-off" (starker Ausverkauf). Wenn dann die Preise Ihrer Meinung nach genug gefallen sind, heißt es: schnell reagieren und kaufen. Der Markt steigt dann im Idealfall wieder an und Sie können bereits nach wenigen Monaten einen satten Gewinn einstreichen.

Die perfekte Welle steht für langes und ausdauerndes Warten. Im Extremfall kann es fünf bis sechs Jahre dauern. Schauen Sie sich die Zeitabstände der Crashs der letzten 50 Jahre an! Die Einschläge erfolgen in immer kürzeren Zeitabständen. Der Crash von 2008-2010, als deutsche Blue Chips unter dem Buchwert gehandelt wurden, war eine solche Kaufgelegenheit. Viele Experten waren sich einig darin, dass die westliche Welt am Abgrund stand und der DAX bald nur noch dreistellig notieren würde. Doch heute steht der DAX bei über 10.000 Punkten, ist also fünfstellig. Dies sind die Zeiten, die für Aktien sprechen. Besonders für langfristig orientierte Anleger verspricht dieses antizyklische Agieren den größten Erfolg. Den richtigen Moment für den Einstieg zu erkennen und abwarten zu können ist die große Kunst an den Finanzmärkten. Erfolg im Fußball und an der Börse kommt nicht über

Nacht. Er kommt nicht mit dem einzelnen Sprint, sondern über den langen Atem beim Marathon. Die Geduld, auf der Langstrecke den Kurs zu halten, und das richtige Timing, um den Zeitpunkt für den Angriff zu erkennen, sind die Grundlagen des Investmenterfolgs.

9. DIE RICHTIGE MISCHUNG

Was für Investments im Allgemeinen gilt, das gilt im Speziellen auch für Aktien. Sie sollten Ihr Geld zur Hälfte in Aktien anlegen. Um das Risiko zu streuen, sollten Sie die Aktien auf verschiedene Branchen und Länder aufteilen. Wirtschaftswissenschaftler haben dicke Bücher zu diesem Thema geschrieben und wurden mit dem Nobelpreis belohnt. Einer ist Harry Markowitz, der später aber selbst zugab, sich an die Ergebnisse seiner Forschungsarbeiten nicht gehalten, sondern nur über den Daumen gepeilt diversifiziert zu haben. Und damit fuhr er offenbar recht gut. „Diversifikation" heißt die Risikomischung in Fachkreisen. Aber dafür ist keine komplizierte Formel nötig. Der gesunde Menschenverstand reicht aus. Legt man sein Geld in Blue Chips an, ist man zunächst auf der sicheren Seite. Diese Unternehmen sind finanziell höchst solide, verfügen über hohe Marktanteile und werden deshalb mit hoher Wahrscheinlichkeit auch noch in Jahrzehnten existieren und Geld verdienen. Einige werden jedoch besser laufen als andere. Wer nur in den Bereich Automobile investiert, geht zyklische Risiken ein, weil bei der nächsten Wirtschaftskrise alle Autohersteller leiden. Wer hingegen sein Kapital zusätzlich in Chemiefirmen, Technologie-Unternehmen und Versorger anlegt, wird in einigen Bereichen Geld verlieren, in anderen aber überproportional profitieren. Je länger die Anlagedauer, desto geringer das Risiko und desto besser die Rendite. Mehrere Studien haben belegt, dass zu viel Rechnen nichts bringt.

Und das Fazit? Earning by Doing! Trauen Sie sich etwas zu und gehen Sie planmäßig vor! Beweisen Sie Geduld und Umsicht! Zeigen Sie sich diszipliniert bei der Umsetzung Ihrer Ziele und reduzieren Sie Ihr Risiko durch eine Verteilung auf unterschiedliche Branchen und Länder! Achten Sie darauf, dass Ihre Liquidität gesichert ist! Kümmern Sie sich um Ihr Geld, bevor es ein anderer macht! Entdecken Sie, was Geld eigentlich ist, woher es kommt und worauf man im Umgang damit achten sollte! Alles dazu im nächsten Kapitel über Geld, Schulden und die lieben Banken …

KAPITEL 9

DIE DREI AFFEN

Die berühmten drei nebeneinandersitzenden Affen kennen Sie sicherlich. Dieses Trio steht heutzutage als Sinnbild für Ignoranz, Blindheit und Dummheit. Die ursprüngliche Bedeutung dieser drei Affen war aber eine ganz andere. Sie stammen aus Japan und sind im Buddhismus verwurzelt. Auf Japanisch heißen sie Mizaru („Nicht sehen!"), Iwazaru („Nicht sprechen!") und Kikazaru („Nicht hören!"). Sie fungierten als Schutzpatrone gegen das Böse. Die drei Affen sollten also die Menschen vor dem Bösen schützen, indem sie dieses nicht wahrnahmen. Ignoranz und Verdrängen haben aber die Menschheit nicht weitergebracht, weshalb die drei Affen heute für die Dummheit der Menschen und symbolisch für die Unfähigkeit stehen, aus Fehlern zu lernen. Wenn man Unangenehmes ignoriert oder wie die drei berühmten Affen nicht ausspricht, nicht hört und nicht sieht, dann kann man auch nicht aus Fehlern lernen. Albert Einstein meinte: „Zwei Dinge sind unendlich, das Universum und die Dummheit der Menschheit. Beim Universum bin ich mir noch nicht sicher." Den drei Affen begegnet man im Alltag auf Schritt und Tritt. Dass sie auch an den Finanzmärkten anzutreffen sind, dürfte Sie nicht überraschen.

Eine Reise gibt einem Menschen die Gelegenheit, durch die Distanz einen neuen Blickwinkel zu bekommen. Johann Wolfgang von Goethe reiste beispielsweise 1786 fast fluchtartig nach Italien, um seine Schreibblockade zu lösen. Dass eine Luftveränderung einem Menschen auch andere Formen der Veränderung und neue Sichtweisen bescheren kann, hat also eine lange Tradition. Auch ich hatte die Hoffnung, mit etwas Abstand einige Antworten für mich zu finden. Ich wollte mir einerseits durch ein BWL-Studium ein besseres Handwerkszeug aneignen, um offene Fragen über die Finanzmärkte für mich beantworten zu können und um Abläufe an den Finanzmärkten besser verstehen zu lernen. Anderseits erhoffte ich mir, durch die räumliche Veränderung (Studium in den USA) eine hilfreiche Distanz zur Börse zu gewinnen. Diese Distanz sollte sich als sehr wertvoll für mich erweisen. Mit Abstand und Zeit, so stellte ich fest, konnte ich manche Dinge besser beurteilen, weil das strategische Element in den Vordergrund trat. Es war vergleichbar mit einem Blick auf ein Mosaik, das man nur als Ganzes verstehen kann. Erst muss eine gewisse Distanz aufgebaut werden, um es in seiner Totalität überblicken zu können. Man zoomt heraus, wird dabei zum Beobachter und gewinnt – durch den Abstand – einen neuen Blickwinkel. Für mich wurden viele Abläufe, Abhängigkeiten und Zusammenhänge dadurch klarer. Einige Fragen zur Börse und den Finanzmärkten konnte ich nun beantworten. Ich halte es bis heute für entscheidend, bei einer Beurteilung, trotz der Bedeutung aller Details, den Gesamtüberblick zu behalten. Das Ziel darf niemals aus den Augen verloren werden. Wenn es ums Geld geht, sind Weitsicht und Strategie gefragt. Sich an Einzelheiten festzubeißen führt letztlich nur zu einem Tunnelblick. Man igelt sich in einen Elfenbeinturm des vermeintlichen Fachwissens ein – aber der Überblick geht verloren.

Nach meiner Rückkehr an die Frankfurter Wertpapierbörse erhielt ich mir diesen distanzierten Blickwinkel und konnte deshalb die Abläufe an den Finanzmärkten beurteilen, ohne dabei das Gesamtbild aus den Augen zu verlieren. An die Börse kehrte ich aber nicht direkt nach meiner Rückkehr aus den Vereinigten Staaten zurück. Zunächst wusste ich nicht einmal, ob ich überhaupt wieder an die Börse zurück wollte oder mein Glück anderswo in der Finanzbranche suchen sollte. Ich hatte während meines US-Studiums internationale Luft geschnuppert und Gefallen daran gefunden. Der Fußball spielte aber, wenn auch nur als Hobby, weiter eine große Rolle in meinem Leben und da hinter meiner beruflichen Entwicklung noch ein Fragezeichen stand, beschloss ich, wieder Fußball zu spielen. Ich ging zu den Offenbacher Kickers (OFC), in meiner hessischen Region einer der beliebtesten Klubs und noch heute meine sportliche Heimat. Dieser Schritt, in Offenbach Fußball zu spielen, bestimmte dann für die nächsten Jahrzehnte auch meine berufliche Zukunft. Wie es der Zufall so will, traf ich eines Tages im Offenbacher Stadion eine ehemalige Schulkameradin und gute Freundin von mir. Sie arbeitete an der Börse für einen Makler – so wie ich es jahrelang getan hatte. Sie hielt es für eine gute Idee, dass ich mich ebenfalls dort bewerben sollte. Ich war deutlich weniger von der Idee überzeugt als sie. Dennoch blieb sie hartnäckig und beharrlich und ließ nicht locker. Nach einiger Zeit hatte sie mich dann so weit. So bewarb ich mich 1996 bei dem Börsenmakler „Büro Seydler" in Frankfurt (heute ODDO SEYDLER) und wurde als Anleihehändler eingestellt. An der Börse traf ich dann die berühmten drei Affen wieder. Das Leben ist ganz offensichtlich ein ewiger Kreislauf. Aber der Reihe nach.

Im Jahre 1998 erfolgte der nächste (wenn auch kleinere) Crash. Wie die anderen Kurseinbrüche traf uns auch dieser Crash an der Börse wieder völlig unvorbereitet. Das Epizentrum lag in Asien. Die Fehler der Branche und auch die der privaten Anleger waren überdeutlich. Die drei Affen lassen grüßen. Denn: Es wurde – wieder einmal – nicht aus den Fehlern der Vergangenheit gelernt, vielmehr wurde versucht, diese Fehler schönzureden oder zu ignorieren. In Asien gab es Mitte der 1990er-Jahre einen Wirtschaftsboom. Nicht Japan, dafür Südkorea, Thailand und andere Länder profitierten von Auslandskrediten. Der Boom war auf Pump finanziert. Solange genügend Geld zugeschossen wurde, expandierte die Wirtschaft. Auch westliche Banken gaben, kurz bevor der Vorhang fiel, Kredite und verhielten sich dabei wie die drei Affen: nicht sehen, nicht sprechen, nicht hören! Die Zeichen einer Überhitzung zeigten sich allerdings deutlich. Die Spekulationsblase wurde trotzdem immer weiter mit frischem Geld gefüllt. Aber – alte Volksweisheit: „Der Krug geht so lange zum Brunnen, bis er bricht!" Und er brach. Die Vermögensblase füllte sich immens – und wie sich das auch im Falle von Seifenblasen darstellt: Irgendwann platzen sie. Die Anleger aber wollten davon 1998 „nichts hören, nichts reden, nichts sehen" und stellten sich dumm. Es war aber offensichtlich, dass die Crashs immer öfter erfolgten: 1987, 1989, 1990/1991. Wann würde es das nächste Mal krachen? Oder ist das nächste Mal alles anders? Dabei ist es mit ein wenig Beobachtungsgabe offensichtlich, dass es trotz aller Unregelmäßigkeiten gewisse Konstanten an der Börse gibt. Börsengesetze, die seit Jahrzehnten immer wieder bestätigt werden, können nicht durch Ignorieren aufgehoben werden. Gesetzmäßigkeiten der Finanzmärkte, die auf Börsenpsychologie basieren, werden ihre Gültigkeit nie verlieren, weil diese auf der Psyche des Menschen beruht. Ergo: Der nächste Crash kommt bestimmt. Die Frage ist nur: Wann? Wir sollten uns klarmachen, dass sich an den grundsätzlichen Verhaltensweisen und Instinkten der Menschen wenig geändert hat, seit sie von den Bäumen geklettert sind. Exakt hier liegt der Fehler der vielen volkswirtschaftlichen Modellrechnungen und Denkansätze. Keine einzige Theorie konnte bisher einen Crash vorhersagen! Crashs treffen die Finanzmärkte immer wieder völlig unvorbereitet, auch weil die Diskrepanz zwischen der Börsenrealität und den davon abweichenden volkswirtschaftlichen Modellen – aufgrund falscher Annahmen – zu groß ist. Viele Volkswirte sind nicht bereit, den Faktor „Psychologie des Anlegers" in ihren Analysen ausreichend zu berücksichtigen – ein Umstand, der zu irreführenden Resultaten führt und damit belastbare Prognosen über die Finanzmärkte erschwert. Viel lieber wird dagegen der „Homo oeconomicus" in der Finanzwissenschaft beschworen, ein theoretisches „Modell Mensch", das nur rational und logisch ableitend seine Entscheidungen fällt. Dieses Modell dient vielen Studien über Wirtschaft und Finanzen als Grundlage für das Verhalten eines typischen Anlegers. Das Modell „Homo oeconomicus" beschreibt einen Menschen, der bei einer anstehenden Entscheidung immer alle Alternativen kennt, nach Eintrittswahrscheinlichkeiten abwägt und abschließend eine rationale Entscheidung trifft. Menschen sind jedoch nicht immer rational, sondern aus Fleisch und Blut – und reagieren sehr oft sehr emotional. Anleger verhalten sich immer wieder völlig unlogisch und gegensätzlich zu allen finanzwissenschaftlichen Theorien. Sie werden mitunter panisch oder auch euphorisch – je nach Marktlage. Wenn wir eine Investment-Entscheidung treffen, dann hoffen wir mehr, dass die Rechnung aufgeht, als sicher zu sein, dass unsere Analysen auch stimmen. Das steht völlig im Widerspruch zur gängigen Theorie. Die Psychologie der Märkte ist eine viel bessere Grundlage, um Prognosen über Börsenentwicklungen zu erstellen. Die Krux ist allerdings, diese Anleger-Emotionen („Animal Spirits") in mathematische Formeln umzuwandeln und anwendbar zu machen. Als Basis für Analysen und Prognosen in der Finanzwissenschaft sollten sie aber in jedem Fall deutlich stärker einbezogen werden. Das tun leider nur die wenigsten. Einige Ökonomen bilden eine wohltuende Ausnahme. Die Wirtschafts-Nobelpreisträger George A. Akerlof und Robert Shiller beispielsweise schreiben dazu in ihrem Buch „Animal Spirits": „Entscheidungen werden deshalb getroffen, weil sie sich richtig anfühlen." Aus dem Bauch heraus wird viel mehr entschieden als mit dem Kopf! Das Wohlfühlen bei einer Entscheidung spielt eine sehr große Rolle bei unseren Entscheidungsprozessen. Auch „Trauen und Vertrauen" sind wichtig. Das wird weiterhin von den meisten selbst ernannten „Börsenexperten" komplett ignoriert. Und nur weil diese Herren in der Schule vielleicht ihren Namen tanzen konnten, meinen sie nun, sie könnten uns immer wieder falsche Analysen und Prognosen vorlegen, ohne Widerspruch zu ernten. Was allein in der Finanz- und Wirtschaftskrise an falschen Wachstumsprognosen von Volkswirten und deren Instituten veröffentlicht wurde, lässt die Vorhersagen einer Jahrmarktswahrsagerin sehr seriös erscheinen.

DIE MEDIEN, DER SPORT UND DIE BÖRSE

Aus Spaß wurde noch einmal Ernst und aus meinem Hobby „Fußball" wieder ein Beruf. Obwohl wir mit unserem Team in der Viertklassigkeit begannen, stiegen wir innerhalb von drei Jahren mit Kickers Offenbach in die Zweite Fußballbundesliga auf. Der Erfolg unseres Teams war immens, besonders die OFC-Fans schwebten im siebten Fußballhimmel. Bis zu 20.000 Zuschauer konnten wir zu Heimspielen regelmäßig im Stadion begrüßen – und das bereits in der Dritten Liga. Die meisten Zweitligisten wären auch heute noch froh über solche Zuschauerzahlen. Mit dem Aufstieg in die Zweite Liga konnten wir die Träume vieler Fans und damit auch unsere eigenen wahr werden lassen. Da ich an einem Vollprofivertrag kein Interesse hatte, wollte ich als Halbprofi genauso weitermachen wie bis dahin. Tagsüber Börse und abends Fußball, das war meine Vorstellung. Doch da machte mir der Trainer des OFC einen Strich durch die Rechnung. Er stellte mich vor die Wahl: Alles oder nichts! Fußballprofi oder Börse! Als die internen Auseinandersetzungen über meinen Vertrag öffentlich wurden, war das natürlich ein gefundenes Fressen für die Presse. Und die Fans gingen für mich auf die Barrikaden „uff'm Bersch", wie das Traditionsstadion „Bieberer Berg" liebevoll genannt wird. Ich war Publikumsliebling und Kapitän – und als solchen wollten mich die zahlreichen OFC-Fans auch weiterhin sehen. Nach vielen öffentlichen Fanprotesten für meinen Verbleib beim OFC griff der Besitzer der Maklerfirma, Herr Seydler, beherzt ein und beschloss, mich ein Jahr freizustellen – unter der Bedingung, dass ich ihm versprach, danach wieder zu ihm an die Börse zurückzukehren. Ich gab ihm mein Wort und damit war der Deal perfekt. Kein Vertrag war dafür nötig, nur das Wort. So wurde ich nochmals, mit 31 Jahren, Fußballprofi. Aber wie schon bei Borussia Dortmund machte mir der professionelle Fußball wenig Freude. Der sportliche Erfolg des Teams blieb aus und meine Streitigkeiten mit dem Trainer zogen sich bis zu seiner frühzeitigen Entlassung hin. Deshalb war ich letztlich froh, nach einem Jahr an die Börse zurückzukehren. Auch hier zeigte sich, dass alles sein Gutes hat und ich bisher nie in meinem Leben etwas zu bereuen hatte. In meiner Rolle als Kapitän und Sprecher der Mannschaft hatte ich fleißig Interviews gegeben und damit viel Medienerfahrung gesammelt, die mir einige Jahre später an der Börse noch sehr hilfreich werden sollte.

DIE MUTTER ALLER KRISEN

Im Mai 2007 schien die Börsenwelt in Ordnung zu sein. Seit 2003 konnten die Aktienmärkte Jahr um Jahr stetig zulegen. Der DAX kratzte mehrfach am alten Hoch bei 8.152 Punkten. Kriege oder Krisen waren nicht in Sicht und so konnten sich die Börsianer auf den Sommer freuen. Doch die Ruhe war trügerisch. Klammheimlich braute sich jenseits des Atlantiks, im völlig unübersichtlichen Derivatemarkt (Wettmarkt der Banken und Versicherer), ein Börsenunwetter in bisher nicht gekanntem Ausmaß zusammen. Es sollte die größte Krise für unser Wirtschafts- und Finanzsystem seit dem „Großen Crash" von 1929 werden. Und der hatte – letztlich – den Zweiten Weltkrieg zur Folge. Durch die Krise gerieten weltweit Banken ins Straucheln und mussten von den Staaten gerettet werden. Nicht alle Unternehmen hatten Glück: Die Bank Lehman Brothers ging pleite, General Motors – für viele unfassbar – ebenfalls. Und die bereits hoch verschuldeten westlichen Staaten gerieten durch die Rettungsaktionen für Banken und Wirtschaft noch tiefer in die roten Zahlen, verloren das Vertrauen der Anleger und auch ihrer Bevölkerungen. Nach Schätzungen des IWF verloren in der „Mutter aller Krisen" allein Wertpapiere weltweit über vier Billionen US-Dollar (!) an Wert.

„Denn an allem Unfug, der passiert,
sind nicht nur die schuld, die ihn tun, sondern auch die,
die ihn nicht verhindert haben."
(Erich Kästner)

Eines vorweg: Die Krise von 2007 war sowohl das Ergebnis eines Markt- als auch eines Regierungsversagens! Ihre Wurzeln lagen in der US-Immobilienbranche, der Stamm befand sich im Derivatemarkt. Bereits in den 1980er-Jahren unter Präsident Ronald Reagan war die Finanzbranche bewusst sehr stark gemacht worden. Als Nachfolger des erfolglosen Jimmy Carter war der Republikaner Reagan 1980 als starker Mann ins Weiße Haus eingezogen. Sein Rezept für die Reanimierung der USA, die durch Krisen wirtschaftlich und politisch am Boden lagen, war die Politik der „Reaganomics". Unter anderem gehörte der Wegfall von Aufsicht und Kontrolle der Wirtschaft dazu. Durch zusätzliche staatliche Maßnahmen, finanziert durch neue Schulden, sollte die US-Wirtschaft wieder in Ordnung gebracht und die militärische Stärke wiederhergestellt werden. Dabei wurde der Finanzwirtschaft eine besondere Rolle zugewiesen. Mit dem Wegfall vieler Regeln und Kontrollen sollten der Finanzbranche „die Ketten" abgenommen werden, um das angestrebte Wirtschaftswachstum finanziell stemmen zu können. Potenzielle Risiken wurden ignoriert oder nicht erkannt. Und da waren sie wieder einmal: die drei Affen!

Kurzfristig sorgten diese Maßnahmen zwar für mehr Dynamik, aber bereits 1987 versagte diese Strategie und kostete die Anleger viele Milliarden Dollar im ersten großen Börsencrash seit 1929. Der Wegfall von Aufsicht und Kontrolle in der Finanzbranche führte aber auch langfristig zu Verwerfungen an den Börsen. Denn in der Immobilienbranche bildeten sich zu jener Zeit die Strukturen aus, die 2007 die „Mutter aller Krisen" auslösten.

Dieses Phänomen kann man nur verstehen, wenn man Amerika verstehen will. Zum „American Way of Life" gehört neben der individuellen Freiheit und der Ideologie der intakten Familie auch ein eigenes Haus. Alle Nachfolger von Präsident Reagan zielten mit ihren Maßnahmen in die gleiche Richtung. Jeder Amerikaner sollte ein eigenes Haus besitzen. Die Hausbesitzerquote lag im Sommer 2005 bei 68,9 Prozent (Quelle: Robert Shiller, „Die Subprime Lösung") – über zwei Drittel aller amerikanischen Familien (vor allem außerhalb der Millionenmetropolen) hatten ein (wenn auch noch so kleines) Eigenheim. Die Zahl sollte – so die Philosophie – nochmals gesteigert werden. Durch staatliche Förderung und den weiteren Wegfall einer Aufsicht über die Banken stiegen die Immobilienpreise in den USA unkontrolliert an. Die staatliche geförderte Finanzierungsorgie für diese Hauskäufe trieb immer exotischere Blüten. So wurde es Praxis, Kreditverträge ohne persönliche Haftung auszuhandeln. Wenn Sie, lieber Leser, in Deutschland ein Haus auf Kredit kaufen, wird die Bank in der Regel eine Hypothek auf das Haus verlangen. Im Notfall haften Sie mit Haus und Hof für die Kreditsumme. Nicht so in den USA. Im Klartext bedeutete das, dass Kreditnehmer keinerlei Haftung mehr für ihr Investment hatten. Konnten sie die Raten nicht mehr bezahlen, wurde buchstäblich der Schlüssel für das Haus bei der Bank im Briefkasten eingeworfen. Die Preise für Immobilien stiegen von Jahr zu Jahr. Letztlich lag aber das Risiko bei der Bank, sollte die Rechnung eines Tages nicht aufgehen. Da mit der Zeit immer mehr Amerikaner ein eigenes Haus hatten, kam es zu einer gewissen Sättigung des Marktes. Immer weniger vermögende Bürger fragten Kredite („Prime-Kredite") nach. Banken, Kreditvermittler, Makler und viele andere wollten aber nicht auf die fetten Provisionen aus dem Immobilienmarkt verzichten. Man ging deshalb ab Anfang des Jahrtausends vermehrt dazu über, auch ärmeren Bevölkerungsschichten Hypothekenkredite zu niedrigen Zinsen zu vermitteln – garantiert waren diese niedrigen Zinsen aber nur für eine kurze Laufzeit. Dies waren die sogenannten „Subprime-Kredite", was der späteren Krise ihren Namen geben sollte. Durch diesen Schritt konnten sich nun auch untere soziale Schichten der USA ein Haus „leisten". Das erhöhte Risiko von Zahlungsausfällen, das damit verbunden war, wollte die US-Finanzbranche aber nicht wahrhaben. Das Geschäft lief zu gut. Anstatt die Risiken durch weniger Kredite zu senken, erhöhten die Banken sogar noch die Kreditvergabe für untere Einkommen. Wieder wurden Pakete mit Krediten geschnürt und verkauft. Aber diesmal waren in den Paketen auch Kredite der unteren Einkommensschichten und damit verloren die Kredite an Sicherheit.

Im Detail ging der Verkauf von Krediten folgendermaßen vonstatten: Immobilienfinanzierer schnürten ein Paket mit verschiedenen Krediten von US-Hausbesitzern. Darin verpackten sie die Immobilienkredite von vermögenden, mittleren und nun auch vermehrt schwächeren Einkommensgruppen. Diese Pakete wurden über die US-Finanzmärkte erst an nationale und später auch an internationale Banken verkauft. Die Käufer dieser Kreditpakete bekamen dafür Anteile der Zinsen, welche die Hausbesitzer für Immobilienkredite zahlten. Die Immobilienfinanzierer mussten zwar nun etwas von den Gewinnen abgeben, da jetzt aber gleichzeitig auch Kredite aus den Bilanzen der Immobilienfinanzierer verschwanden, rechneten sich die Verkäufe von Krediten. Eine Win-win-Situation für alle, solange die Häuslebauer fleißig Zinsen zahlten! Sollte etwas schiefgehen, hatte man immer noch das Haus, das eben teurer weiterverkauft werden könnte. Die neuen Besitzer der Kreditpakete (meistens andere Banken) verbrieften (verpackten) ebenfalls ihre Kredite neu und verkauften diese weiter. Es war wie an Weihnachten: Ein neues Paket wurde geschnürt … und wieder ausgepackt, noch eines … und noch eines – bis zum Schluss keiner mehr wusste, welche Kredite eigentlich in den Paketen steckten.

War diesmal alles anders? Nein, war es nicht! Die drei Affen lassen grüßen. Denn die US-Häuslebauer konnten ihre Zinsen plötzlich nicht mehr zahlen. Die Wirtschaft in den USA schlitterte in eine Krise und immer mehr Hausbesitzer verloren ihre Arbeit. Zusätzlich stiegen die Zinsen an. Die Kredite der schwächeren Einkommensgruppen mit kurzer Zinsgarantie liefen aus. Die höheren Zinsen konnte sich viele nicht mehr leisten und sie überließen ihre Häuser den Banken. Zuerst erwischte es natürlich die „Subprime"-Kunden, später dann auch immer mehr die Bezieher mittlerer Einkommen. Das führte dazu, dass sich der Krisenstrudel immer schneller drehte und immer mehr Häuser zum Verkauf standen. Die Nachfrage aber schrumpfte bei steigendem Angebot und das ließ die Preise für Immobilien erstmals seit den frühen 1990er-Jahren drastisch fallen. Damit fielen auch die Kurse für die Kreditpakete an den Finanzmärkten ins Bodenlose. Erste Immobilienfinanzierer gerieten in Zahlungsnot und die Krise nahm ihren Lauf. Aufgrund jahrzehntelanger politischer Versäumnisse und damit verbundener fehlender Kontrolle wusste zum Zeitpunkt niemand wirklich, wie groß das Ausmaß der Katastrophe und die Verbreitung dieser „Kreditverbriefungen" war. Als im Sommer 2007 erste Regenwolken am scheinbar wolkenlosen und azurblauen Börsenhimmel den Sturm ankündigten, ahnten einige wenige Experten, dass sich etwas ganz Großes zusammenbraute. Weltweit hatten Banken am US-Immobilienboom verdienen wollen und sich über die Jahre mit Kreditpaketen in Milliardenhöhe vollgesaugt. Doch diese waren nun nur noch einen Bruchteil wert, was sie zu „giftigen Wertpapieren" machte. Die Verluste waren gigantisch. Der IWF schätzt allein die Verluste an den Börsen auf vier Billionen US-Dollar.

Das brachte die Banken an den Rand der Insolvenz. Die Auswirkungen auf die Börse und andere Teile der Finanzmärkte waren desaströs und auch dort fielen jetzt die Kurse dramatisch. Die Kurse brachen überall ein – auch in Deutschland. Der DAX verlor innerhalb eines Jahres (von März 2008 bis März 2009) die Hälfte seines Wertes und fiel im Tief auf 3.588 Punkte. Nebenbei angemerkt (ich bin und bleibe Börsianer): Auch dies war ein guter Zeitpunkt zum Einstieg. Aber das ist im Nachhinein leicht gesagt.

Dennoch sah kaum jemand ernsthaft diese Krise voraus, auch wenn später einige Schlaumeier meinten, sie hätten es ja schon immer gesagt. Man muss es nur oft genug von sich geben: „Eines Tages werden die Auguren recht behalten." Dies ist eine besondere Form des Quacksalbertums!

Was uns zur Schuldfrage kommen lässt: Wer hat die Krise zu verantworten? Der Erfolg, so heißt es, hat immer viele Väter, die Niederlage dagegen immer nur einen. Und einer muss den „Schwarzen Peter" haben. Doch so einfach ist die Welt nicht. Sie ist komplizierter. Und wenn wir uns auch noch so sehr wünschen, sie wäre einfacher, wird uns das nicht weiterbringen.

Haftung ist hier das wesentliche Thema. Natürlich gibt es die altbekannte Weisheit: Wo kein Kläger, da kein Richter! Um aber Anklage zu erheben, braucht es Aufsicht. Diese wurde durch die Politik sträflich vernachlässigt. Die Politik trägt deshalb eine große Verantwortung für die Krise. Durch fehlende Aufsicht und Kontrolle ermöglichte sie es den Banken, diese skandalösen Kreditpakete zu schnüren, zu verkaufen oder zu kaufen. Damit immer mehr derartige Geschäfte gemacht werden konnten, genehmigte man es den Banken, Firmen in Steueroasen zu eröffnen – um dort noch mehr unkontrollierte Geschäfte tätigen zu können. In Deutschland wurde beispielsweise den Banken erst 2003 ermöglicht, derartige Firmen („Conduits") zu eröffnen. Warum durften sie das? Offensichtlich hatte die Bankenlobby die damalige Regierung davon überzeugt, dass alle anderen es dürfen und Deutschland Schaden nehmen würde, wenn es unseren Banken nicht auch erlaubt würde. Die Länder stehen natürlich in Konkurrenz zueinander und es herrscht auch hier Wettbewerb um die besten wirtschaftlichen Rahmenbedingungen.

Besser aber wäre es gewesen, das Finanzministerium hätte ausgerechnet nicht diejenigen um Rat gefragt, die es zu kontrollieren hatte. Hier wurde der Bock zum Gärtner gemacht! Ausgerechnet eine rot-grüne Bundesregierung unter dem Sozialdemokraten Gerhard Schröder öffnete die juristischen Schleusen, wodurch diese zwielichtigen Firmen den Banken gewerbesteuerrechtlich gleichgestellt wurden. Von diesem Zeitpunkt an konnten auch deutsche Banken ihren angloamerikanischen Vorbildern nacheifern. Wohin das Banken wie die IKB, die Hypo Real Estate, einige Landesbanken und die Commerzbank gebracht hat, wissen wir heute alle – es endete katastrophal. Der Staat musste sie mit Steuergeld retten, um den Kollaps zu verhindern. Dass deshalb viele Banken zu den Hauptverursachern der Krise zählen, ist völlig unbestritten – ob es sich um falsche Anreize bei Bonuszahlungen für Mitarbeiter, den Verkauf von „giftigen Wertpapieren" an Kunden oder aber um den internen und öffentlichen Umgang mit der Krise als Ganzer handelte. Das Verhalten so mancher Bank zeigt uns deutlich, dass die drei Affen immer noch unter uns weilen.

Das Banksystem hat viele finanzielle und auch menschliche Opfer gekostet. Besonders bitter ist das verloren gegangene Vertrauen der Bürger in unsere Gesellschaft. Da in den vergangenen Jahren noch weitere Skandale der großen Banken ruchbar geworden sind, haben diese Global Player offenbar nichts, aber auch gar nichts hinzugelernt. Mit Steuergeldern musste das gesamte Bankenwesen gestützt werden, um den totalen Zusammenbruch zu verhindern. Es wäre die ideale Gelegenheit gewesen, endlich tief greifende Veränderungen im Finanzsystem herbeizuführen. Doch ähnlich wie am Beginn des Kalten Krieges direkt nach dem Zweiten Weltkrieg waren sich die Staatschefs der G 20 kurz nach dem „Fast-Super-GAU" nicht mehr einig hinsichtlich der möglichen gemeinsamen Reformen und Beschneidungen des Finanzsystems. So ist der Derivatemarkt nach der großen Krise von Regulierungen nahezu vollständig unbehelligt geblieben. Derivate sind Wetten auf Zinsen, Währungen (Uli Hoeneß, Ex-FC-Bayern-Präsident, hatte sich hier steuerlich ziemlich verzockt!), Staatspleiten, Aktien, Rohstoffe und vieles mehr. Obwohl dieser Wettzirkus mit weltweit rund 600 Billionen Euro Volumen (das Zehnfache dessen, was die Welt in einem Jahr erwirtschaftet!) zu den größten Finanzmärkten der Gegenwart zählt, gelten dort weit weniger Regeln als an einer einzigen geregelten Börse. Die Lobby lässt grüßen! Die Staaten haben das Finanzsystem mit massiven Geldmitteln zwar stabilisiert, aber dies hat nur die Symptome der globalen Finanzkrise kuriert – und nicht die Ursachen bekämpft. Die historische Chance einer weltweiten Veränderung zum Besseren wurde damit verspielt. Darüber kann man nur wütend werden.

UND DIE MEDIEN? AUCH SIE HABEN VERSAGT!

An der Frankfurter Börse drängten sich während der Finanzkrise die Journalisten zeitweise wie Studenten in einem überfüllten Seminar an der Uni. Sie belagerten den Handelssaal und saßen in jeder Ecke des „Parketts" schreibend auf dem Boden, ihren PC auf den Knien, und berichteten live. Es befanden sich teilweise mehr Medienvertreter als Börsianer in der Börse. Das öffentliche Interesse an der Krise nahm, wie im Jahr 1987, gigantische Ausmaße an und die starke Präsenz der Journalisten war ein deutliches Zeichen dafür. Die TV-Sender überschlugen sich mit Sondersendungen und Tageszeitungen druckten Sonderausgaben zur Finanzkrise. Die Sorgen der Öffentlichkeit waren mehr als berechtigt. Meiner Einschätzung nach befanden wir uns noch niemals in unserer Geschichte so nahe am Rande eines Zusammenbruchs der kapitalistischen Finanz- und Wirtschaftssysteme. Der totale Absturz drohte – und zwar völlig unkontrolliert. Der finanzielle „Super-GAU" stand bevor – mit möglicherweise katastrophalen Auswirkungen auf unsere Gesellschaft. Als am 5. Oktober 2008 Bundeskanzlerin Merkel und ihr sozialdemokratischer Finanzminister Peer Steinbrück sich genötigt sahen, eine staatliche Placebo-Garantie – weil rechtlich nicht bindend – für alle Spareinlagen abzugeben, musste eigentlich jedem klar gewesen sein, wie schlimm die Lage wirklich war. Die Regierung befürchtete einen landesweiten Bank Run. Experten, die in einfachen Worten zu erklären versuchten, was passiert war, wurden von den Medien händeringend gesucht. Und dabei geriet ich ins Spiel. Ich wurde – wie mein Freund und Kollege Dirk Müller – darum gebeten, Erklärungen und Einschätzungen zur Lage vor TV-Kameras, Radiomikrofonen und für Zeitungen abzugeben. Dabei kam mir meine Medienerfahrung als Fußballprofi zugute. Was zunächst nur als kurzes Intermezzo gedacht war, entwickelte sich mit der Zeit zu einem festen Teil meines Berufs. Analysen der Finanzmärkte für nationale und internationale Medien abzugehen gehört bis heute zu meinen Tätigkeiten an der Börse. Durch meine Öffentlichkeitsarbeit hat sich meine Sicht der Dinge ebenfalls verändert, auch auf die Medienbranche. Sie unterliegt ebenfalls ihren eigenen Mechanismen. Wer bisher glaubte, dass Medien generell unabhängig sind, der irrt. Die öffentlich-rechtlichen TV-Sender tun sich durch die satzungsgemäß vorgegebene Neutralität immer wieder schwer mit politischen und wirtschaftspolitischen Themen. Sie stehen unter dem Einfluss der in den Länderparlamenten herrschenden Parteien. Deren Einfluss erschwert kritische Berichterstattung, sofern sie der Meinung des politischen Establishments widerspricht. Auch sind die Sendeanstalten untereinander stark zerstritten. Es ist manchmal wie im Kindergarten: Der eine gönnt dem anderen den Erfolg oder das Exklusivinterview nicht. Wer aber glaubt, dass die privaten Sender besser dran sind, liegt ebenfalls völlig falsch. Im Privat-TV machen die Werbepartner ihren Einfluss geltend. Die Abhängigkeiten von der Wirtschaft und deren Einflussnahme auf die Berichterstattung sind nicht zu unterschätzen. Ein kritischer Kommentar eines TV-Senders über eine Bank, die Werbekunde ist – kaum vorstellbar.

ERKLÄRE DIE WELT IN 90 SEKUNDEN!

Was mich an unserm Mediensystem besonders stört, ist der Tatsache geschuldet, dass es teilweise seinen originären Aufgaben nicht mehr nachkommen kann (oder darf). Medien haben in einer Demokratie die Aufgabe, die Öffentlichkeit detailliert zu informieren und Entscheidungsträger mit der öffentlichen Meinung zu konfrontieren. Darüber hinaus wirken Medien durch Kontrolle und Kritik maßgeblich an der Meinungsbildung mit. Die Unabhängigkeit der Presse ist durch den Artikel 5 des Grundgesetzes geschützt. Aufgrund der Veränderungen in der Medienlandschaft und des damit verbundenen Kostendrucks, auch verursacht durch die steigende Beliebtheit der Online-Informationsbeschaffung, verlieren Medien diese Unabhängigkeit jedoch. Die Allmacht wirtschaftlicher Zwänge herrscht vor, aber nur wenige kritische Journalisten sind bereit, dies öffentlich zuzugeben. Der Printsektor ist – nicht zuletzt durch die Attraktivität des Internets – vom Aussterben bedroht. Es gilt die unverantwortliche Zauberformel: Schnelligkeit geht vor Genauigkeit! Das können Sie konkret nachvollziehen, wenn es sogenannte „Breaking News" gibt. Die Wertigkeit von Nachrichten ist dann nur noch mit größter Vorsicht zu betrachten. „In einer Nachrichtenlandschaft, in der nur noch Geschwindigkeit zählt, kommt die Genauigkeit unter die Räder", merkte dazu die *Frankfurter Allgemeine* richtig an. Spekulationen und Fehler in der Berichterstattung häufen sich generell. Auch in der Börsenberichterstattung kann aufgrund des Zeitdrucks immer weniger von detaillierter Information die Rede sein. In der Finanz- und Wirtschaftskrise wurde beispielsweise so gut wie gar nicht differenziert, was die Ursachen und wer die Verursacher der Krise sind. Ich selbst bin zwar ein Freund der Vereinfachung von komplizierten Sachverhalten, um die Börse den Menschen näherzubringen. Das alles hat aber seine Grenzen. Und mit zunehmender Vereinfachung und

Verkürzung gerät man in die große Gefahr, Erklärungen zu verfälschen.

Um ein Beispiel dafür zu nennen, komme ich noch einmal kurz auf den Fußball zurück. Dort wird oft die Beurteilung eines Spiels vom Ergebnis und nicht vom Spielverlauf abhängig gemacht. Es heißt dann: „Ein knapper, aber verdienter Erfolg der Mannschaft A." Warum? Weil das Team A gewann, aber nicht unbedingt, weil es besser war. Unter Umständen war das Team B 80 Minuten lang spielbestimmend und hat Dutzende von Chancen herausgespielt. Vielleicht fehlte nur das Glück oder die Treffsicherheit der Stürmer. Trotzdem lautet der Kommentar: „Ein knapper, aber verdienter Erfolg der Mannschaft A." Vielleicht mag der um sich greifende Kommentar-Opportunismus der Verkürzung geschuldet sein, aber einmal geschrieben, lesen Sie diese angeblich so seriösen und gut recherchierten Zeilen bundesweit in allen Gazetten, weil viele Journalisten vom „Leitartikel" eines „Leitmediums" einfach abschreiben. So verhält es sich auch an den Finanzmärkten. Einer schreibt morgens etwas vor und alle anderen schreiben es nach, egal ob es Sinn macht oder nicht. Eigene Gedanken, Recherchen und damit autonome Kommentierung sind dort noch seltener anzutreffen. Wie eine Herde Lämmer folgt auch der Journalismus dem Oberflächlichen anstatt dem Offensichtlichen. Mit der Herde laufen anstatt gegen sie, das ist nicht so anstrengend. Beispiele dafür gibt es täglich. Der Bitcoin-Skandal ist nur eines davon. Der Bitcoin war eine digitale Währung, die in der Finanz- und Wirtschaftskrise erfunden wurde. Das Papiergeld hatte weltweit jede Menge Vertrauen verloren, weshalb einige unbekannte Computerentwickler diese Internetwährung als Alternative dazu erschufen. Zunächst passierte damit nicht viel. Im Februar 2013 begann der Bitcoin aber plötzlich interessant für „Anleger" zu werden. Der Wechselkurs zu Papiergeld stieg bis April 2013 deutlich. Der Bitcoin-Kurs stieg auf 125 Euro. Das zog Spekulanten an. Und die Presse begann, freundlich über den Bitcoin zu berichten. Das zog weitere Spekulanten an. Der Preis zu Papiergeld stieg weiter. Was ich beschreibe, ist ganz offensichtlich eine klassische Spekulationsblase, wie sie erstmals 1637 in den Niederlanden mit Tulpen (Tulpenmanie) bekannt wurde. War dieses Mal alles anders? Nein, doch die Presse folgt mehrheitlich den frühmorgendlichen Leitartikeln, anstatt kritisch zu hinterfragen. So ärgerte sich ein bekanntes Onlinemagazin noch am 28.11.2013 in einem Artikel zum Bitcoin über verpassten Reichtum: „Die Digitalwährung erlebt einen ‚beispiellosen' Boom. Viele Nutzer aber haben ihre Guthaben zu früh verkauft." Ein anderes Onlineblatt titelte: „Gold gegen Bitcoin – was ist die bessere Krisenwährung?" Der Bitcoin-Preis stieg bis auf 1.006 Euro, bevor am 25.11.2013 der Kurs einbrach und sich davon nicht mehr erholte. Im Februar 2015 wurde die letzte Bitcoin-Wechselbörse geschlossen – geschätzter Verlust für die Anleger: 342 Millionen Euro. Es wird ein betrügerisches Schneeballsystem hinter der Schließung vermutet. Ob der Bitcoin diesen Skandal überlebt, muss sich zeigen. Die drei Affen lassen grüßen.

Zur Ehrenrettung des unabhängigen Journalismus sei allerdings Folgendes gesagt: Die schreibende Zunft, manchmal auch die Kollegen vom Radio, haben – wenn sie nicht live berichten müssen – den Vorteil, ihre Recherchen reflektieren zu können. Bevor sie einen Artikel schreiben oder einen Kommentar sprechen, können sie also das Erlebte überdenken. Auf dem Bildschirm hingegen gestaltet sich eine detaillierte Berichterstattung sehr schwierig. Die durchschnittlichen Interviews im Fernsehen zum Thema „Finanzmärkte" dauern höchstens drei Minuten – auch in hochseriösen Nachrichtenformaten. Versuchen Sie doch einmal, einem Unbekannten in 90 Sekunden den Verlauf eines Fußballspiels zu erklären, ohne dabei Wesentliches wegzulassen oder zu verfälschen. Sie werden sich wundern …

KAPITEL 10

GELD – WAS IST DAS EIGENTLICH?

Wir benutzen es tagtäglich und dennoch – oder vielleicht gerade deswegen – machen wir uns keine Gedanken darüber. Es regiert die Welt. Es lässt Menschen die unglaublichsten Dinge tun und spielt in Tausenden von Gedichten, Romanen, Liedern und Filmen die Hauptrolle. Nur über die Liebe wurde wahrscheinlich mehr geschrieben. Es beeinflusst menschliche Beziehungen wie persönliche Zielsetzungen maßgeblich. Die Rede ist von Geld. Was ist das eigentlich?

Geld dient nicht zum Selbstzweck und wurde auch nicht einfach erfunden. Es entstand als logische Konsequenz aus der Entwicklung der Menschheit. Traditionell werden Geld drei wesentliche Funktionen zugeschrieben:

- die Tauschfunktion
- die Wertaufbewahrungsfunktion
- die Wertmessfunktion

Die Tauschfunktion steht dabei als ursprünglichste Form im Vordergrund. In grauer und geldloser Vorzeit wurde noch Gut gegen Gut in der sogenannten Naturalwirtschaft getauscht. Damit das funktionierte, bedurfte es der gleichzeitigen Erfüllung von zwei Bedingungen: Man musste jemanden finden, der zufällig das Gut hatte, das man selbst suchte – und derjenige musste bereit sein, sein Gut gegen das eigene einzutauschen. Um es an einem Beispiel zu verdeutlichen: Ein Bäcker suchte einen Metzger mit einem Steak und bot dafür einen großen Laib Brot. Und zur selben Zeit musste ein Metzger, der ein Steak anbot, einen großen Laib Brot suchen. Hört sich kompliziert an – und ist es auch. Die unterschiedliche Teilbarkeit des Gutes erschwerte den direkten Tausch noch zusätzlich. Denn der Bäcker suchte ein Steak, bekam aber einen ganzen Ochsen angeboten. Oder der Metzger wollte nur ein kleines Brot, sollte aber im Gegenzug einen Riesenlaib, den er gar nicht brauchte, annehmen. Sie sehen, dass solche Transaktionen, die auf Naturaltausch basierten, äußerst schwierig waren. Ohne ein allgemein anerkanntes Tauschmittel für Waren wurde die wirtschaftliche Entwicklung gehemmt und die Bildung von Wohlstand verhindert.

So war die Entwicklung von Geld eine notwendige Errungenschaft innerhalb einer Gesellschaft, um den direkten Tauschhandel zu beenden: Man schuf ein allgemein gültiges Äquivalent für jede Ware. Der Bäcker konnte sein Brot in allen Größen jedem anbieten und musste nicht mehr nach einem Metzger Ausschau halten. Der Metzger wiederum konnte sein Rind als Ganzes oder in Einzelteilen auf dem Markt jedem Interessenten verkaufen. Aufgrund dieses vereinfachten Tauschvorgangs, durch den indirekten Tausch über Geld, wurde die Nachfrage deutlich erhöht und der Handel konnte immer weiter ausgebaut werden. Der Handel blühte zunächst regional auf, später national und letztlich auch grenzüberschreitend – bis zu unserer modernen globalisierten Welt.

Geld war keine Erfindung von Einzelpersonen oder Regierungen. Es war ein logischer Schritt in der wirtschaftlichen Entwicklung eines Volkes. Deshalb mündete auch, völlig unabhängig voneinander, in den entferntesten Regionen und exotischsten Kulturen der Welt die Nationalökonomie unterschiedlichster Völker in die Geldwirtschaft. Dies geschah zwar nicht im Gleichschritt, aber mit derselben Tendenz: Auf die niedere Stufe des Naturaltauschs folgte die höhere Stufe des Geldes als einem allgemein anerkannten Tauschmittel, das die wirtschaftliche Effizienz nicht nur quantitativ, sondern qualitativ geradezu revolutionär steigerte.

Neben der wichtigen Tauschfunktion hat Geld, wie zuvor erwähnt, noch zwei weitere Aufgaben zu erfüllen: die Funktion der Wertaufbewahrung (Sparen) und die der Wertmessung. In der Entstehungsgeschichte des Geldes haben die unterschiedlichen Völker auch unterschiedliche Ansätze verfolgt, was als Tauschmittel für Waren dienen könnte. Dabei standen die differenzierten Aufgaben des Geldes im Mittelpunkt des Interesses. Denn aus den Funktionen ergaben sich wiederum Bedingungen, die Geld erfüllen musste. Und nicht alles konnte als Geld dienen. Eigenschaften wie Transportfähigkeit, Haltbarkeit, stabile Kaufkraft, Teilbarkeit und Einheitlichkeit waren sehr nützlich für die Erfüllung der Aufgaben eines Tauschmittels.

Geld wurde zwar unabhängig voneinander in den unterschiedlichen Kulturen der Welt entwickelt, aber je nach geografischer Lage kamen die Völker zu verschiedenen, manchmal auch exotisch anmutenden, Lösungen. Ganz unterschiedliche Güter übernahmen zwischenzeitlich die Funktion von Geld: Tabak in Virginia, Zucker in der Karibik, Perlen in der Südsee, Felle in Alaska – bis hin zur „Zigarettenwährung" im zerbombten Deutschland der Nachkriegszeit. Auch Salz diente als Geld. Es galt lange Zeit als Luxusgut und wurde als „weißes Gold" bezeichnet. Daher stammt auch der altdeutsche Ausdruck „Salär", was sich mit Lohn oder Gehalt übersetzen lässt und auf das lateinische „salarium" zurückgeht – die Salzration, mit der einst die römischen Legionäre bezahlt wurden. Auch Edelmetalle dienten in einigen Frühkulturen Mittelamerikas als Geld. Der fortschreitende grenzüberschreitende Handel der Völker untereinander sorgte dann im Laufe Jahrhunderte dafür, dass sich Edelmetalle als Tauschmittel weltweit nachhaltig durchsetzen. Gold und Silber erfüllten letztlich die genannten Bedingungen (Transportfähigkeit, Haltbarkeit, eine stabile Kaufkraft, Teilbarkeit, hohe Einheitlichkeit), die ein allgemein gültiges und anerkanntes Tauschmittel zu erfüllen hat, am besten. Selbst das später aufkommende Papiergeld hatte bis weit ins 19. Jahrhundert hinein eine feste Bindung an Silber und bis weit ins 20. Jahrhundert an Gold.

Die international anerkannte Bindung von Geld an Gold wurde 1944 im kleinen amerikanischen Erholungsort Bretton Woods (New Hampshire) unterzeichnet. Dort hatten sich die Finanzminister und Notenbankpräsidenten der späteren Siegermächte getroffen, um über die Finanzpolitik einer neuen Nachkriegsordnung zu diskutieren. Im entscheidenden Punkt des Bretton-Woods-Abkommens setzten sich die USA (unter anderem gegen die Sowjetunion) durch: Der US-Dollar wurde zur internationalen Leitwährung erklärt. Und: Jede gedruckte Dollarnote sollte durch Gold gedeckt sein. Bis zur Aufkündigung des Bretton-Woods-Abkommens im Jahr 1973 durch den damaligen US-Präsidenten Richard Nixon verpflichtete sich die US-Notenbank (Federal Reserve Bank, abgekürzt: Fed), jeden Dollar in Gold umzutauschen. Für 35 US-Dollar gab es eine Unze Feingold, eine Unze entspricht 31,104 Gramm Gold. Papiergeld stand also für eine gewisse Menge Gold, die man bei der US-Notenbank einwechseln konnte. Mit dem Bretton-Woods-System war die Fed auch verpflichtet, die Dollarreserven jedes Mitgliedslandes zum vereinbarten Kurs in Gold umzutauschen. Der Dollar war dadurch die unumschränkte Weltleitwährung. Denn nur der US-Dollar musste gegen Gold eingetauscht werden. Konkret: Erst musste die Deutsche Mark (oder alle anderen Währungen) in Dollar umgetauscht werden, bevor man an das Gold der Fed herankam. Mit dem Abkommen von Bretton Woods wollten die Siegermächte des Zweiten Weltkriegs, angeführt von den USA, besonders das Nachkriegseuropa mit stabilen Währungen versorgen und (ganz nebenbei) beabsichtigten die USA, sich unentbehrlich zu machen – was beides auch gelang. Fazit: Wer das Geld hat, sagt auch der Kapelle, welches Lied gespielt wird. Denn die Gold-Dollar-Bindung sorgte für eine zentrale Rolle des US-Dollar und damit auch der Vereinigten Staaten in der Nachkriegsordnung.

Die Aufkündigung des Abkommens durch die USA geschah, weil mittlerweile weltweit viel mehr US-Dollar im Umlauf waren, als dafür Goldreserven in den Tresoren der Fed vorhanden waren. Mit andern Worten: Die US-Notenbank konnte und wollte ihr Versprechen, Dollar gegen Gold einzutauschen, nicht mehr aufrechterhalten. Denn Gold ist kein Geldersatz oder nur Rohstoff für Münzen, sondern Gold ist eine eigene Währung. Gold ist das Urgeld und hat bis heute nichts an Bedeutung verloren, weshalb keine Regierung ein Interesse daran haben kann, dass der eigene Bestand anderweitig gelagert oder in Besitz ist. Das bringt uns zur Bundesbank und deren Gold. Die deutsche Bundesbank verfügt über den zweitgrößten Goldschatz der Welt. So soll nach Schätzungen weiterhin die Hälfte des deutschen Bundesbank-Schatzes in den USA gelagert sein. Ursprünglich wurde dieser höchst umstrittene Goldexport mit der Bedrohung der Bundesrepublik durch die Sowjetunion in Zeiten des Kalten Krieges begründet, doch auch nach dem Zerfall des kommunistischen Ostblocks sitzen die USA bis heute auf einem großen Teil des Goldbestands der Bundesbank. Erst seit der Bundesrechnungshof nach lauter werdender Kritik der Öffentlichkeit eine Prüfung empfahl und Mängel in der Aufsicht und Kontrolle der Bundesbank festgestellt hat, wird erwogen, den Goldschatz langsam zurückzuführen. Immerhin lagern von den 3.386 Tonnen Gold der Bundesbank noch immer fast die Hälfte in Tresoren der USA. Ein weiterer Teil liegt in Londoner und Pariser Banken, nur ein Drittel des Goldes befindet sich in Deutschland. Warum sollte es uns interessieren, dass der weltweit zweitgrößte Goldschatz in unseren Tresoren und auf deutschem Boden verwahrt werden sollte? Wer kann sicher sein, dass eine US-amerikanische Regierung im Falle einer Krise oder Bedrohung das Gold auch wirklich an Deutschland zurückgibt? Ich gehöre nicht zu diesen Optimisten und stehe mit meiner Meinung sicherlich nicht allein da. Und diese Stimmen mehren sich nach den Freundschaftsbeweisen unserer amerikanischen Bündnispartner in Zusammenhang mit der skandalösen NSA-Affäre. Ich bin misstrauisch geworden.

WOHER KOMMT DAS GELD?

Nachdem die Nachkriegsordnung von Bretton Woods auseinanderfiel, ist eine mit Gold gedeckte Währung Geschichte. Seit 1973 gibt es kein durch Edelmetalle gedecktes Geld mehr! Das Geld hat damit nur noch den reinen Materialwert. Bei Papiernoten ist dieser Wert recht überschaubar. Auf der 1-Dollar-Note steht: „In God we trust" – und dieses Gottvertrauen ist es, ironisch gesagt, das wir brauchen. Nur solange wir daran glauben, für ein Stück bedrucktes Papier im Tausch Brot, Eier oder Benzin von anderen zu erhalten, funktioniert unser Geldsystem, unser Wirtschaftssystem und damit unser gesellschaftliches Zusammenleben. Unser Geldsystem beruht auf gegenseitigem Vertrauen. Was passiert, wenn dieses Vertrauen erschüttert wird, lesen Sie als Nächstes.

Geld wird vom Staat für die Bürger produziert, weil wir es als Tauschmittel für die Wirtschaft brauchen. Der Staat gründet dafür eine Bank, genannt Zentralbank. Diese Zentralbank – auch Notenbank genannt – heißt bei uns Europäische Zentralbank (EZB) und gehört den Mitgliedsstaaten der Eurozone (anteilmäßig nach ihrer Wirtschaftskraft). In den USA ist die Notenbank in Privatbesitz, wird lediglich staatlich reguliert und von einem vom amerikanischen Präsidenten ernannten Chairman geleitet. Aktuell ist der Chairman eine Chairwoman: Janet Yellen. Diese Konstruktion, bei einem so wichtigen Gut wie der Geldpolitik privaten Interessen den Vorzug zu geben, ist als etwas unorthodox zu bezeichnen. Doch das soll hier nicht unser Thema sein. Eine Zentralbank ist dafür verantwortlich, das Geldwesen zu organisieren und bei Fehlentwicklungen regulatorisch einzugreifen. Die Zentralbank lässt beispielsweise Geld herstellen und dieses von Geschäftsbanken an Bürger und Unternehmen verteilen. Sie versucht die Geldmenge (die Summe allen Geldes) über Zinsen, welche die Geschäftsbanken der Zentralbank zu zahlen haben, zu regulieren. Die Geschäftsbanken haben eine Art Girokonto bei der Zentralbank. Sie kaufen dort Papiergeld und Münzen und wickeln die Geschäfte über ihr Konto bei der Zentralbank ab. Über Auszahlungen und Kreditvergabe wird Geld in den Wirtschaftskreislauf gebracht. Auf diese Weise geben Geschäftsbanken also Zentralbankgeld an Bürger und Unternehmen weiter. Dies ist eine der drei zentralen Aufgaben von Geschäftsbanken in unserem Finanzsystem. Die weiteren sind, Giralgeldkonten zu verwalten, denn heutzutage zahlen die wenigsten Menschen ihre Rechnungen mit Bargeld, sowie Kredite an die Wirtschaft und die Bürger zu vergeben, damit diese investieren (oder konsumieren) können.

Das Thema „Verteilung von Bargeld" haben wir behandelt. Doch zu den Funktionen 2 und 3 der Banken sind noch einige Anmerkungen zu machen. Nur etwa 20 Prozent der gesamten Geldmenge ist Bargeld. Etwa 80 Prozent ist sogenanntes Giralgeld oder Buchgeld. Dieses erschaffen die Geschäftsbanken de facto virtuell selbst. Ein Beispiel dafür: Der Bäcker Schmitt bringt täglich seine Bareinnahmen aus dem Verkauf seiner Brötchen und Kuchen zu seiner Bank und zahlt diese auf sein Girokonto ein. Aus Bargeld wird so Giralgeld. Der große Unterschied: Das Bargeld von Bäcker Schmitt (Scheine und Münzen) ist gesetzlich geschützt, während das Giralgeld nur einen Anspruch von Bäcker Schmitt gegenüber seiner Bank darstellt. Geht die Bank pleite, muss der Bäcker, sollten die Garantien von Staat und Partnerbanken nicht ausreichen, um seinen Anspruch zittern und hoffen, dass er irgendwie zu seinem Geld kommt. Ich erinnere Sie an mein Beispiel in Kapitel 4 dieses Buches („Das Gold von König Midas"), als Sie 500 Euro bar bei Ihrer Bank eingezahlt haben, aber nur noch eine Forderung auf die 500 Euro für Sie übrig blieb. Banken wandeln also Bargeld in Giralgeld um. Und umgekehrt wird bei Abhebungen von der Bank Giralgeld wieder in Bargeld umgewandelt. Rechnungen und Überweisungen werden virtuell verbucht: Was für den einen ein Guthaben ist, ist für den anderen eine Abbuchung. Spätestens am Ende des Tages verrechnen dann die Geschäftsbanken ihre Geldgeschäfte über ihr „Girokonto" bei der Zentralbank. So weit, so gut

In der dritten Funktion, Kreditvergabe an die Wirtschaft, sehen einige Experten die wohl wichtigste Rolle der Banken im Finanzsystem. Doch gerade in jüngster Vergangenheit sind Banken dieser Funktion nicht mehr voll nachgekommen. Dies ist ein großes Problem und hat sicherlich mehrere Gründe. Neben der Bankenkrise und dem damit verbundenen Zwang zum Abspecken ist ein weiterer wesentlicher Grund, dass mit Zockereien an der Börse viel mehr Geld zu verdienen ist als mit der Kreditvergabe. Obwohl Geschäftsbanken für Kredite durchschnittlich nur ein Prozent (!) der Kreditsumme als Sicherheit bei der Zentralbank hinterlegen müssen, sind die deutlich höheren Renditechancen an den Börsen für einige Institute offenbar noch attraktiver. Deshalb werden nicht mehr genug Kredite vergeben und notwendige Investitionen in unsere Wirtschaft unterbleiben. Warum uns das elementar interessieren sollte? Mit dieser falschen Kreditpolitik der Banken wird die Schaffung neuer Arbeitsplätze verhindert und im schlimmsten Fall gehen sogar Arbeitsplätze verloren. Banken sollten deshalb wieder ihren ursprünglichen Funktionen im Finanzsystem umfassend nachkommen und diese ins Zentrum ihrer Geschäftspolitik stellen, anstatt an den Börsen der Welt mit der internationalen Konkurrenz um die Wette zu zocken – was leider in den letzten zehn Jahren massiv geschehen ist.

Ein weiteres großes Bankenthema, das heftig diskutiert wird, ist die Geldschaffung – auch Geldschöpfung genannt – durch Geschäftsbanken. Normalerweise schafft die Zentralbank Geld, indem sie Kredite an Geschäftsbanken vergibt und Bargeld an Geschäftsbanken verkauft. In unserem Geldsystem schaffen aber auch Geschäftsbanken neben der Zentralbank Geld, indem sie Kredite vergeben – und das mitunter unabhängig von den Einlagen der Bank! Diese Form der Geldschöpfung gerät immer mehr in die Kritik. Denn von jedem Euro Kredit muss die Bank lediglich einen Bruchteil als Mindestreserve bei der Zentralbank hinterlegen. Konkret: Für 100 Euro Kredit muss lediglich ein einziger Euro als Sicherheit hinterlegt werden. So schaffen Geschäftsbanken quasi aus dem

Nichts zusätzliches Geld. Es erinnert fast an den Zauberer mit dem Zylinder. Simsalabim! Nur heißt das herbeigezauberte Kaninchen jetzt „Giralgeld". In den Bilanzen der Banken müssen diese Kredite natürlich aufgeführt werden, was zu einer permanenten Vergrößerung oder Aufblähung der Bilanzen führt. Der Vorgang der Geldschöpfung über Geschäftsbanken hat vielfältige Konsequenzen für uns alle. Unter anderem verschiebt sich das Verhältnis zwischen Bargeld und Giralgeld in unserem System zugunsten des Giralgelds. Das ist in guten Zeiten kein Problem, wenn das Vertrauen der Kunden in die Liquidität der Banken vorhanden ist. In der Krise kann es jedoch zu existenziellen Konsequenzen führen. Sollten alle Sparer einer Bank ihr Erspartes gleichzeitig abheben wollen, würden sie bitter enttäuscht. Wie soll die Bank alle Guthaben in Bargeld auszahlen, wenn doch nur 20 Prozent der gesamten Geldmenge in Scheinen und Münzen real existieren? In einer Vertrauenskrise verlieren Sparer das Vertrauen in die Bank. So geschehen beispielsweise am 14. und 15. September 2007 in Großbritannien, als am Anfang der großen Finanz- und Wirtschaftskrise der britische Immobilienfinanzierer Northern Rock durch die Immobilienkrise in den USA und einen damit zusammenhängenden Liquiditätsengpass als eine der ersten Banken in Europa ins Schlingern geriet (so nennt man das beschönigend, wenn einer Bank die „Barreserven" ausgehen). Das sprach sich schnell herum – und plötzlich war das Institut einem Bank Run ausgesetzt. Schlangen von panischen Kunden bildeten sich vor den Türen der Bank. Alle wollten schnellstens ihre Einlagen in bar abheben. Doch Northern Rock konnte das Giralgeld nicht in Bargeld umwandeln. Die Ansprüche oder Forderungen der Kunden gegenüber der Bank wurden nicht mehr erfüllt. Die Hypothekenbank musste einen Tag darauf von der britischen Notenbank mit Geld versorgt werden und das, was von Northern Rock übrig blieb, wurde danach verkauft. Dürften Geschäftsbanken nur innerhalb des Volumens ihres Eigenkapitals Kredite vergeben und nicht selbst

Geld erschaffen, würden sich kaum derart panische Szenen vor Banken abspielen. Noch einmal zur Klarstellung: Dürften Banken nur das Geld verleihen, das sie besitzen, wäre unser Geldsystem viel sicherer! Zusätzlich blähen die Geschäftsbanken – durch die aktive Geldschöpfung und das Drehen am „großen Rad" – ihre Bilanzen derart auf, dass damit das Risiko einer großen Pleite immer näher rückt. Vor allem, wenn das Gesamtverhältnis von Einlagen zu Krediten immer weiter auseinanderdriftet, steigt das Risiko. Dieser Umstand gefährdet unser Bankensystem und die gegenwärtige Geldschöpfungspraxis unseres gesamten Wirtschafts- und Finanzsystems erheblich.

In den letzten Jahren mussten die Banken aufgrund der Bankenkrise Geschäft abbauen. Doch die Bilanzen blähen sich mittlerweile wieder von Jahr zu Jahr mehr auf. Dies führt zu gesteigerten Risiken. Damit wird deutlich, dass durch die gegenwärtige Geldschöpfungspraxis sowohl die Banken als auch unser gesamtes Wirtschaftssystem künstlich aufgebläht werden – bis eines Tages wieder die Luft herausgelassen werden muss. Das passiert in der Regel mit einem lauten Knall: dem Crash, geschehen zuletzt 2007-2008 in der „Mutter aller Krisen". Die Aufblähung der Geldmenge durch Geschäftsbanken hat aber noch eine zweite wesentliche Konsequenz: Sie führt dazu, die Bürger zu enteignen. Durch Inflation und folglich durch Geldentwertung beraubt sie schleichend die Bürger eines Landes.

GELD UND INFLATION

Haben Sie sich nicht auch schon einmal gefragt, weshalb unser Geld permanent an Wert verliert? Und im Gegenzug: warum Preise steigen? Um diese Fragen zu beantworten, lassen Sie uns einen Blick in die Geschichte werfen. Gerade weil das Geld in einer Gesellschaft eine besondere Stellung einnimmt, war es seit jeher

Gegenstand staatlicher Manipulationen. Wie ich in Kapitel 3 („Der Anfang der Börsen") bereits schilderte, prägten Fürsten ihre Münzen im Laufe der Zeit mit immer weniger Gold- oder Silbergehalt und machten so aus „gutem" Geld „schlechtes" Geld. Dabei enteigneten sie ihre Bürger Schritt für Schritt. Es grenzt eigentlich an ein Wunder, dass in der Geschichte der Menschheit relativ selten gegen Fürsten rebelliert wurde und die Bevölkerung sich stattdessen lieber ausnutzen und betrügen ließ. Auf diese Weise finanzierten Könige und Kaiser ihre Kriege, ihren Prunk und feudale Bauprojekte, die ihre eigene Größe verherrlichten, während gleichzeitig die Bevölkerung oft Hunger litt. Das war übrigens schon in der oftmals verklärten Antike nicht anders: So soll beispielsweise der Feingehalt der römischen Silbermünze Denarius in einem Zeitraum von 300 Jahren von knapp 97 Prozent unter Kaiser Augustus auf rund zwei Prozent unter Kaiser Aurelian gesunken sein. Man entzog dem Geld den Edelmetallanteil und bestahl damit die Bürger. Und warum? Weil die Bürger es zuließen!

Der Preisanstieg, der mit der vermehrten Verbreitung des „schlechten Geldes" verbunden war und mit einem Wertverlust einherging, ist als Inflation zu bezeichnen. Inflation lässt Preise ansteigen. Das bedeutet: Sie macht Waren teurer. Deshalb spricht man auch von Teuerung. Ursache und Wirkung dürfen hier aber nicht verwechselt werden. Inflation lässt Preise ansteigen! Doch was verursacht Inflation? Es gilt daher, Inflation und Teuerung zu unterscheiden, auch wenn sich heute kaum jemand die Mühe macht, dies zu tun. Der entscheidende Grund für die fortwährende Geldentwertung liegt in der Inflation, die Folge der Inflationierung bezeichnet man als Teuerung. Das Wort „Inflation" stammt vom lateinischen „inflare" und bedeutet so viel wie „aufblasen, aufblähen". Die permanente Inflation, die wir beobachten, entsteht aus einer steigenden ungedeckten Geldschöpfung heraus, was durch die „Quantitätstheorie des Geldes" bestätigt wird. Ungedeckte Geldschöpfung bedeutet:

Es wird mehr Geld gedruckt, als wir brauchen und durch Wachstum gedeckt ist. Die Folge der Inflation ist Teuerung, auch Preisanstieg genannt. Neben der ungedeckten Geldproduktion können zusätzlich auch stark steigende Löhne und steigende Rohstoffpreise – besonders für Energieträger – der Grund für Teuerung sein. Die zuletzt genannten Gründe wirken sich aber erfahrungsgemäß nur vorübergehend aus. Im Wesentlichen führt übertriebene Geldschaffung zur Inflation, die in Preissteigerungen endet. Der Euro verliert auf diese Weise täglich an Kaufkraft. Auf diese Weise werden große Teile der Bevölkerung schleichend enteignet, was auch einer der Gründe ist, weshalb die Schere zwischen Arm und Reich in Deutschland immer weiter auseinanderklafft. Jedes Jahr können Sie sich weniger für Ihr Geld leisten.

WARUM WIRD DAGEGEN NICHTS GETAN?

Es wird nicht nur nichts vom Staat gegen die Inflation als strukturelles Phänomen getan – es ist staatlich so gewollt. Natürlich könnte man versuchen, die Inflation zu beenden. Wie könnte das aussehen? Das überdimensionale Anwachsen der Geldmenge müsste verhindert werden. Einerseits könnte man für Geschäftsbanken die Möglichkeit erschweren, Kredite auf Risiko zu vergeben, indem man die Sicherheiten bei der Zentralbank erhöht. Damit würde man den Geschäftsbanken die Geldschöpfung über Kredite erschweren. Oder man verbietet Banken, Kredite ohne ausreichendes Eigenkapital zu vergeben.

Die andere Möglichkeit wäre, unser Geld wieder mit Edelmetall abzusichern. Das wurde jahrhundertelang so gemacht. Die EZB müsste Ihnen dann eine gewisse Goldmenge gegen Euro eintauschen. Da es nur eine begrenzte Menge Gold gibt (geschätzt circa 165.000 Tonnen), wäre damit auch die Möglichkeit der unbegrenzten Geldschaffung eingeschränkt. Das wird aber kaum passieren, weil das gedeckte Warengeld (goldunterlegt) den Regierenden und dem Staat als großem Schuldner das Schuldenmachen, besser das Tilgen der Schulden, erschwert. Warum ist das so?

Durch Inflation leiden Geldbesitzer (Sparer), während Schuldner davon profitieren. Schuldner müssen nur den Betrag zurückzahlen, der im Vertrag steht (Nominale) – nicht aber die Kaufkraft. Je größer die Geldentwertung in der Zeit bis zur Zurückzahlung der Schulden, desto besser. Nehmen Sie als drastisches Beispiel Deutschland im Jahr 1923. In der Zeit nach dem Ersten Weltkrieg lag Deutschland am Boden. Die gigantischen Reparationskosten, die an die Siegermächte zu zahlen waren, erstickten jeden Ansatz von Wirtschaftswachstum und damit Wohlstand im Keim. Der Staat hatte während des Krieges bei seinen Bürgern viele Schulden gemacht, die er zunächst nicht zurückzahlen konnte. Er brauchte dringend Geld, doch um weitere Schulden machen zu können, musste man erst die alten zurückzahlen. Also begann die Notenbank immer mehr Geld zu drucken. Die Geldmenge wuchs stark an, während die Wirtschaft schrumpfte. So erzeugte die Reichsbank eine gewollte Inflation, woraus sich später eine Hyperinflation entwickelte. Die Inflation führte zu einer unfassbaren Teuerungsorgie. Kostete ein Ei im Juni 1923 noch 800 Reichsmark, so zahlte meine Oma, von der ich diese traurige Anekdote habe, bereits im Dezember des gleichen Jahres die unfassbare Summe von 320 Milliarden Reichsmark – wohlgemerkt für ein ganz normales Hühnerei! In nackten Zahlen: 1 Ei = 320.000.000.000 Reichsmark! Wer also in jenen Tagen Bargeld hatte, war in Wirklichkeit ein armer Teufel, denn Geld war nichts mehr wert. Der Sparer war als Gläubiger der Dumme und das war das Beste, was Schuldnern passieren kann, besonders dem Staat. Der Staat zahlte seine Schulden dem Bürger zurück. Keinem wurde (scheinbar!) etwas weggenommen, aber der Betrag, denn man erhielt, war nichts mehr wert. Mit einem Barvermögen von einer Million Reichsmark auf dem Konto brauchte man vor dem Krieg nicht mehr zu arbeiten. Im Dezember 1923 jedoch erhielt man für die gleiche Summe nicht mal mehr ein Hühnerei.

Dieses Beispiel ist finanzpolitisch übertragbar. Der Staat wirft – plastisch ausgedrückt – die Gelddruckmaschine an und erzielt dazu permanent frische Steuereinnahmen, die sich an den aktuellen Löhnen orientieren. Mit anderen Worten: Der Staat als Hauptschuldner der Bürger zahlte zwar den Betrag zurück, aber eben nicht die Kaufkraft, denn die ist verloren gegangen. Geschuldet werden zum Beispiel nominell 1.000 Euro, aber nicht das Kaufkraftäquivalent von 1.000 Euro. Es wird Sie also sicher kaum überraschen, dass die Inflation in unserem Geldsystem vom Staat gewollt ist, weil er seine Schulden so einfacher zurückzahlen kann – und dass die Distanz gegenüber dem goldgedeckten Geld in den vergangenen Jahrhunderten stetig zugenommen hat. Seit der 1973 vollzogenen vollständigen Aufhebung der Einlöseverpflichtung von US-Dollar in Gold wandelt sich die gedeckte Banknote in ungedecktes Papiergeld und der weiteren Inflation ist damit Tür und Tor geöffnet, auch zum Wohle des Staates. Und die Ironie dieser Geschichte bis heute: Die Bürger haften für ihren Staat!

Was also ist Geld eigentlich?

Die Antwort: Geld ist bunt bedrucktes Papier, das kommt und geht.

KAPITEL 11

DAS SCHULDENSYSTEM MACHT DIE MEISTEN ARM

Ich denke, die meisten von Ihnen haben sich noch nie grundsätzliche Gedanken darüber gemacht, wie unser Geldsystem eigentlich funktioniert. Mit Geld, der Geldschöpfung, den Banken und deren Rolle in unserem Finanzsystem haben wir uns bereits in Kapitel 10 beschäftigt. Doch die Krux am System sind die Schulden. Unser ganzes Wirtschafts- und Finanzsystem basiert auf Schulden, hat aber einen Konstruktionsfehler, auf den wir noch zu sprechen kommen werden. Geld entsteht immer nur durch einen Kredit, beispielsweise wenn sich eine Geschäftsbank bei der Notenbank Geld borgt. Dem steht ein Guthaben bei der Notenbank gegenüber. Wenn also unser Staat rund zwei Billionen Euro Schulden hat, so steht dem irgendwo ein Guthaben von zwei Billionen Euro gegenüber. Schulden und Guthaben gehören zusammen und sind nicht getrennt zu betrachten, wie es leider in den Medien sehr oft getan wird. Wenn also für jede Schuld auch ein Guthaben existiert, könnte man meinen, alles wäre gut und ausgeglichen. Das stimmt aber nicht! Das Ganze hat einen Schönheitsfehler. Das Vermögen in diesem System verschiebt sich im Laufe der Zeit, wie in einer Zentrifuge, auf einen kleinen Teil der Bevölkerung, während die breite Masse davon nichts hat. Fünf Billionen Euro beträgt die Summe des Barvermögens der Deutschen. Knapp zehn Prozent der Bevölkerung vereinen die Hälfte dieses Vermögens auf ihren Konten. Die große Mehrheit der Bürger hat wenig bis nichts von diesem Geld. Rund die Hälfte der Bevölkerung besitzt nur vier Prozent von diesen fünf Billionen Euro. Die Schere zwischen Arm und Reich geht alleine schon systembedingt immer weiter auseinander – und das nicht nur in Deutschland, sondern weltweit. Die internationalen Zahlen sind noch dramatischer. Nach dem aktuellen „Global Wealth Report“ der Schweizer Großbank Credit Suisse vom Oktober 2014 besitzt weniger als ein Prozent der Gesamtbevölkerung rund 44 Prozent des weltweiten Reichtums in Höhe von 263 Billionen US-Dollar. 70 Prozent der Weltbevölkerung haben einen Mini-Anteil von drei Prozent am weltweiten Reichtum. Die Gründe dafür werde ich Ihnen nennen.

Jeder Euro, den die Notenbank druckt und an eine Geschäftsbank verleiht, beginnt seine Existenz mit Schulden. Aktuell ist jeder Euro mit 0,05 Prozent Zinsen belastet, wenn er das Haus verlässt. Sie werden jetzt vielleicht sagen: Das ist doch nicht viel! Doch im Durchschnitt der letzten zehn Jahre lag der sogenannte Leitzins der Zentralbank mit circa zwei Prozent auch deutlich höher. Wesentlicher als die Höhe der Leitzinsen ist aber das Prinzip: Jeder Euro verlässt die Notenbank wegen des Leitzinses bereits verschuldet in Richtung Geschäftsbanken. Die Banken wollen nun auch in den Genuss von Zinseinnahmen kommen und packen ihren Aufschlag auf die Zinsen auf den Euro drauf, erhöhen den Zinssatz auf 2,5 Prozent – und damit auch die Schulden, die auf jedem Euro lasten. So geht der zitierte „kleine Euro" bereits schwer bepackt seinen Gang durch den Wirtschaftskreislauf. Die nächste Station nach der Geschäftsbank ist beispielsweise ein großes Bauunternehmen. Nach der Bank möchte auch das Management des Bauunternehmens am Euro verdienen. Zunächst muss für den Kredit an die Bank ein Zins für den geliehenen Euro von 2,5 Prozent bezahlt werden, denn die Bank will verdienen und profitieren. Im nächsten Schritt investiert das Bauunternehmen das Geld zum Beispiel in eine Fabrik, die an einen Autohersteller vermietet wird. Dieser zahlt wiederum für die Fabrik einen Mietzins von fünf Prozent, womit sich das Bauunternehmen zufrieden gibt. Der Autohersteller verkauft seine Autos an die Kunden – und diese müssen nun die gesamten Zinsschulden (jetzt „Kosten" genannt), die auf dem Euro lasten, über den Kaufpreis zurückzahlen. Aber auch die Käufer leihen sich das Geld bei einer Geschäftsbank, die es wiederum über die girale Geldschöpfung erschaffen hat. Das Ganze könnten wir endlos fortsetzen.

Das Bemerkenswerte, was ich Ihnen mit diesem Beispiel verdeutlichen will, ist die Tatsache, dass alles mit Schulden beginnt. Schulden und Guthaben sind in unserem System wie Pat und Patachon, Dick und Doof oder Bonnie und Clyde. Es sind zwei Seiten derselben Medaille, denn das eine bedingt das andere. Keine Schulden ohne Guthaben und keine Guthaben ohne Schulden! Dabei macht es keinen Unterschied, ob es sich im bestehenden System um das Verhältnis der Zentralbanken zu einer Geschäftsbank handelt oder um das Verhältnis zwischen einer Bank und einem Verbraucher. Der eine ist Schuldner (Kreditnehmer) und der andere ist Gläubiger (Kreditgeber). Das heißt im Umkehrschluss, dass immer genauso viel Guthaben wie Schulden erschaffen werden. Und für jede Kreditaufnahme fällt ein Zins an.

Für jeden von Ihnen, der sich glücklich schätzen kann, ein Guthaben auf seinem Konto zu haben, hat irgendwo ein anderer die entsprechenden Schulden dafür angehäuft. Wollte man aber Schulden im eigentlichen Sinn zurückzahlen, müsste man gleichzeitig auch Guthaben vernichten, was nicht geht – und was die Eigentümer von Guthaben auch nicht zulassen würden. Deshalb kann man schlussendlich – auf das Gesamtsystem bezogen – keine Schulden tilgen. Also kann die Geldmenge immer nur wachsen, da nicht zurückgezahlt werden kann.

DER FEHLER IM SYSTEM

Das Prinzip des Zinses ist wahrscheinlich jedem von Ihnen bekannt. Konkret: Eine Bank leiht Ihnen Geld und Sie zahlen dafür, ohne dass der Kreditgeber eine produktive Leistung dafür erbringen muss, einen vereinbarten Zinssatz für die Zeit der Geldleihe. So weit, so gut. Der Zins muss aber erst erarbeitet werden. Er wird nicht erschaffen aus dem Nichts, sondern muss über die produktive Vermehrung von Werten erwirtschaftet werden. Und jetzt raten Sie mal, von wem! Ein Beispiel: Ein Kunde namens Herr Meyer nimmt bei seiner Bank einen Kredit über 10.000 Euro auf. Dafür zahlt er acht

Prozent Zinsen pro Jahr. Er muss also der Bank nach einem Jahr 10.800 Euro zurückzahlen. Doch woher kommen die 800 Euro? Diese muss Herr Meyer „erschaffen", indem er aus dem Geld einen Mehrwert generiert. Die Bevölkerung muss ergo die bereits angefallenen Zinsen erst durch Arbeit erwirtschaften. Wir müssen mit unserer Arbeit aber nicht nur die eigenen Schulden bezahlen, sondern auch noch die des Staates – indem wir Steuern bezahlen. Der Staat leiht sich das Geld für seine Schulden hauptsächlich von Geschäftsbanken, was auch das besondere Interesse des Staates an den Banken erklärt. Denn diese sind die größten Gläubiger. Wir Bürger arbeiten, um die Schulden- und Zinslast des Staates bei Geschäftsbanken zu begleichen. Im Falle Griechenland wurden die Rettung der Hellenen und der Erhalt des Euro auch deshalb von den EU-Staaten so rigide vorangetrieben, weil die Banken in Europa gerettet werden sollten. Vereinfacht ausgedrückt: Wir zahlten den Griechen die Rettung unserer Banken. Die griechische Bevölkerung leidet derweil unter dem Sparzwang von EU, IWF und EZB (der berühmten Troika).

Zins und Zinseszins

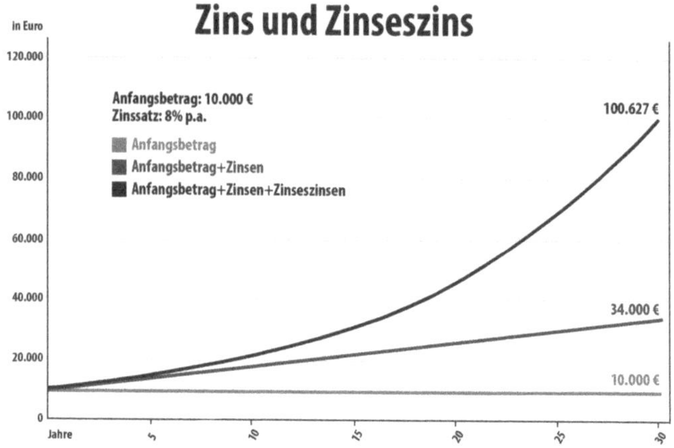

Quelle: www.kreditrechner.net

Doch zurück zum Zins. Der entscheidende Konstruktionsfehler unseres Geldsystems liegt in der Schaffung des Zinses auf den Zins – dem sogenannten „Zinseszinseffekt". Hier wird jährlich der Zins auf das Kapital hinzugerechnet und wieder verzinst. Würde unser Geldsystem auf einem einfachen Kapitalzins basieren, wäre die Welt noch einigermaßen im Lot, denn die Gesamtschulden würden in einem wirtschaftlich verträglichen Tempo gleichmäßig (linear) zur Wirtschaftskraft wachsen. Siehe die kombinierte Grafik: 10.000 Euro (helle Linie) hat sich Herr Meyer geliehen. Mit acht Prozent Zinszahlung jährlich auf die 10.000 Euro Kreditsumme müsste er nach 30 Jahren 34.000 Euro zurückzahlen (mittlere Linie): die Summe aus Tilgung (10.000 Euro) plus Zinsen (24.000 Euro). Der Konstruktionsfehler unseres Geldsystems ist der Zinseszins. Die gesamte Schuldenlast steigt durch den Zinseszins überproportional an, wie in der Grafik durch die dunkle Linie dargestellt wird. Herr Meyer müsste – bei geliehenen 10.000 Euro – nun anstatt 34.000 Euro über 100.000 Euro (!) zunächst erwirtschaften und dann zurückzahlen, also das Zehnfache des Kredits. Anders gesagt: Die Schulden in unserem System steigen exponentiell an! Wenn wir uns nun vor Augen führen, dass das gleiche Rechenexempel mit Millionen, Milliarden und Billionen US-Dollar und Euro überall auf der Welt passiert, kann einem schwindlig werden. Das zu erkennen fällt uns Menschen schwer, denn unsere Denkprozesse sind linear und nicht exponentiell angelegt.

Da aber der exponentiellen Schuldenzunahme auf der anderen Seite immer ein Guthaben entgegenstehen muss, bedeutet dies, dass die Geldmenge mitwachsen muss, damit der Zinseszins auch ausgezahlt werden kann. Theoretisch müsste sich, auf unser Zinseszins-Beispiel bezogen, die Notenpresse immer schneller drehen. Die Schulden steigen immer schneller und auch die Guthaben müssen das tun – vergleichbar dem Wasser, das sich in einem Strudel immer schneller dreht. Diesem „Strudel-Effekt" könnte die Zentralbank entgegenwirken, indem sie die Sicherheiten für die Geld-

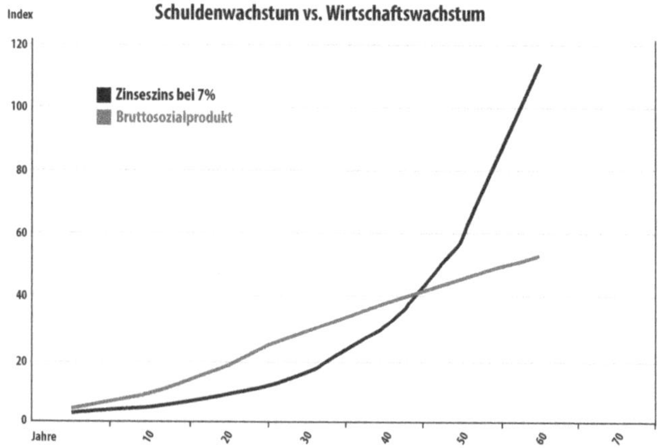

schöpfung der Geschäftsbanken je nach Bedarf erhöht oder senkt. Dennoch kommt auch hier eines Tages der „Point of no Return", wie es in der Fliegersprache kurz vor der Landung heißt – der „Punkt ohne Umkehr". Stellt man das Schuldenwachstum dem normalen Wirtschaftswachstum gegenüber, wird klar, dass Letzteres nur bis zu einem bestimmten Punkt in der Lage ist, die Zinslasten zu tragen. Die Grafik verdeutlicht, dass es einen Punkt gibt, ab dem die Schulden derart schnell anzuwachsen beginnen, dass ein Schuldner (Staat) über sein Wirtschaftswachstum die Schulden und Zinsen nicht mehr erwirtschaften kann: Das ist der „Point of no Return". Der Strudel dreht sich schneller und schneller.

Gerne wird zur Erklärung des Zinseszinses auch der „Josephspfennig" bemüht. Hätte Joseph seinem Sohn Jesus einen Euro-Cent zu vier Prozent Zinsen auf einem Sparbuch angelegt, welche Summe wäre daraus mit Zins und Zinseszins bis heute geworden? Ohne Zinseszins wäre es heute – also nach 2.000 Jahren – ein einziger Euro. Mit Zins und dem Zins auf den Zins wären es 2012 dagegen 255 Erdkugeln aus purem Gold gewesen.

WIE KÖNNEN DIE FOLGEN DIESES SYSTEMFEHLERS BEKÄMPFT WERDEN?

„Schulden sind ein genialer Ersatz für die Ketten und die Peitsche des Sklaventreibers!"
Ambrose Bierce, Journalist und Satiriker

In einem engen Zusammenhang mit dem Zinseszins ist auch das Auseinanderdriften von Arm und Reich in unserer Gesellschaft zu sehen. Manche sprechen von einer Armutskrise – und das mit Recht. Mein Vater behauptete einmal, heutzutage gebe es in Deutschland keine Armut mehr – als Kriegskind definierte er Armut als Hunger und den massiven Mangel in allen gesellschaftlichen Bereichen. „Dazu ist Deutschland zu reich." Dem muss ich vehement widersprechen. Es gibt Armut in Deutschland – und der Trend wird sich in den nächsten Jahren weiter verstärken.

Wir hatten festgestellt, dass in unserem System Geld nur durch Kredit entsteht. Für jeden Kredit existiert aber auch ein Guthaben. Diejenigen in der Gesellschaft, die sich in der Nähe der Geldquellen befinden, erhalten die günstigsten Konditionen für Kredite. Sie erhalten das Geld am billigsten und profitieren im Nachgang vom Zinseszins ohne erbrachte Leistung. In erster Linie sind dies Banken und andere Finanzinstitute, große Industrieunternehmen und vermögende Privatleute, die vom Zinseszins leistungslos profitieren. Sie geben die Kredite natürlich an die Bürger und die Wirtschaft weiter, allerdings mit einem gewissen „Aufschlag" versehen. Die versteckte Rückzahlung von Zinsen ist in unserer Gesellschaft omnipräsent, ohne dass man sich dessen voll bewusst ist. Durch Steuern, Mieten oder Pacht zahlen wir direkt einen Zins zurück, aber auch durch andere Formen wie indirekte Steuern und Kosten, die direkt oder indirekt durch den Zins entstanden sind und die der Rückzahlung dienen.

Mit anderen Worten: Die Mehrheit der Bürger in unserem Land zahlt die Zinsen für eine Minderheit. Aufgrund des Systemfehlers findet eine Umverteilung des Vermögens von Arm zu Reich statt. Das gilt auch für das Verhältnis von Industriestaaten zu Entwicklungsländern. Wie in einer Zentrifuge trennt die steigende Verschuldung und die damit verbundene stetige Erhöhung der Geldmenge das Vermögen von der Masse der Bevölkerung im Zentrum der Zentrifuge. Die Zentrifuge dreht sich immer schneller, weil Schulden und Geldmenge immer weiter steigen. Das Kapital sammelt sich am Rand. So profitiert die Minderheit der Bevölkerung von leistungslosen Zinszahlungen im äußeren Bereich der Zentrifuge, während die Masse im Zentrum fast leer ausgeht. Reiche werden damit immer reicher und immer mehr Menschen arm und ärmer.

Die Grafik der Vermögensverteilung in Deutschland von 2002 bis 2007 verdeutlicht: Das Vermögen in Deutschland ist ungleich verteilt. 61 Prozent des Vermögens in Deutschland verteilen sich auf zehn Prozent der Bevölkerung. Die nächsten zehn Prozent der Bevölkerung besitzen 19 Prozent des Reichtums. Zusammen sind das

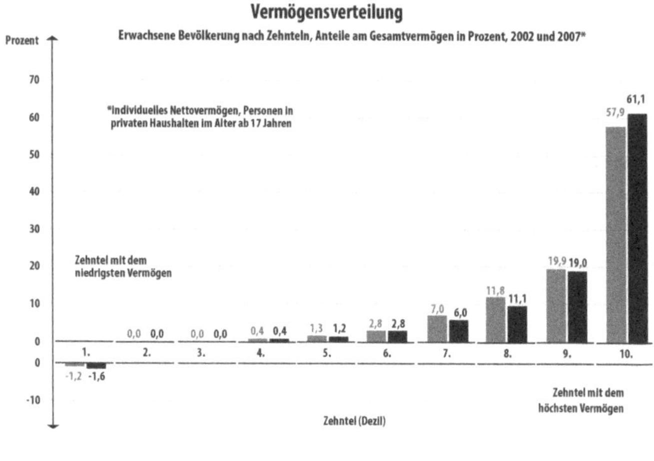

bereits 80 Prozent des Gesamtvermögens der Deutschen. Etwa 60 Prozent der Bevölkerung besitzen jedoch wenig bis nichts. Sicherlich sind hier auch Minderjährige einbezogen, was die Statistik weiter verzerrt. Dennoch zeigt diese Statistik einen klaren Trend, der auch von der OECD jährlich in einem Prüfbericht zur Armutsbekämpfung angeprangert wird. Von 2002 bis 2007 hat sich der Anteil am Gesamtvermögen der reichsten zehn Prozent von 57,9 auf 61,1 Prozent erhöht.

WIE KANN MAN DEN SYSTEMFEHLER BEHEBEN?

Natürlich könnte man auf die Idee kommen, den Zinseszins-Fehler zu beheben und einen Systemwechsel anzustreben – sozusagen die Wurzel des Übels zu entfernen. Wir müssten dafür die Ursache bekämpfen – durch die Abschaffung des Zinseszinses. Ein System mit einer einfachen Verzinsung (oder aber eine Alternative dazu) würde das bisherige System ersetzen. Dazu müsste notwendigerweise das Gesamtvermögen neu verteilt werden, um noch einmal von vorne beginnen zu können, ein „Reset" also. Alles wird auf null gestellt! Doch was sich hier so simpel und attraktiv darstellt, ist gleichbedeutend mit einer grundlegenden Reform des westlichen Wirtschafts- und Finanzsystems. Nur: Derartige Entscheidungen werden nicht auf nationaler Ebene getroffen. Denn wir reden jetzt im globalen Sinn vom „Großen und Ganzen". Wer glaubt, dass dieser große Wurf unkompliziert und ohne das Risiko von Blutvergießen und Krieg ablaufen würde, der irrt. Zu viele Menschen, Parteien und Interessengruppen hätten im Fall einer völligen Überarbeitung unseres Finanzsystems sehr viel bis alles zu verlieren. Sie würden deshalb ihren Besitzstand mit Zähnen und Klauen verteidigen und sich mit allen Mitteln gegen einen umfassenden Neustart wehren. Denn wir reden hier von einer „Revolution". Und ob diese uns eine gerechtere Verteilung des Vermögens bringen würde, ist mehr als fraglich. Denn einer sitzt immer näher an der Quelle als die vielen anderen. Und ob eine Revolution ausgerechnet von Deutschland ausgehen würde, wage ich angesichts unserer „Revolutionsfreudigkeit" zu bezweifeln. Nur ein Beispiel: Gegen den 1990 eingeführten Solidaritätszuschlag für den „Aufbau Ost", der nur ein Jahr erhoben werden sollte, regt sich kein nennenswerter Widerstand. Es wird ihn wahrscheinlich noch bis zum Sankt-Nimmerleins- Tag geben – eine massive Steuererhöhung wurde (und wird) uns als permanent notwendige Benefizaktion verkauft. Das Übel an der Wurzel zu packen fällt damit nach meiner Meinung mangels Masse aus.

Bleibt also, wenigstens die Symptome zu bekämpfen, um die Armuts-Zentrifuge zu verlangsamen. Ein Instrument dazu ist die behutsame Umverteilung von Vermögen in unserer Gesellschaft – von Reich zu Arm – über Steuern. Doch eine hohe Steuerbelastung für die „Besserverdienenden" ist zwar seit Jahrzehnten eines der Lieblingsthemen der Politik. Die Begründung – Armutsbekämpfung – ist faktisch aber nur ein Vorwand, um hohe Abgaben sozial zu rechtfertigen. Denn genauso lange, wie dieses Argument von Politikern zur angeblichen Armutsbekämpfung ins Feld geführt wird, genauso lange werden diese Einnahmen zweckentfremdet, um die eigene Klientel gnädig zu stimmen. Vor jeder Wahl hören wir parteiübergreifend Reden über die fehlende „soziale Gerechtigkeit" in unserer Gesellschaft – obwohl die Politiker wissen, dass das Problem systembedingt ist. Abhilfe könnte man viel besser schaffen, wäre unsere Politik ehrlich, kompetent und bereit, die „Fliehkräfte der Zentrifuge" abzumildern. Von Parolen ist noch keiner satt geworden. In diesem Zusammenhang muss deshalb ein geradezu unwürdiges Kapitel für Deutschland angesprochen werden: Das Thema „Kinderarmut" muss stärker in den Fokus der Politik rücken und angegangen werden. Rund zwei Millionen Kinder (in einem angeblich so reichen Land wie der Bundesrepublik) sind von Armut bedroht oder leiden bereits darunter. Institutionen wie die „Arche" versuchen die schlimmsten Folgen für die Kinder abzumildern. Kinder erhalten dort Schutz, schulische und seelische Betreuung, Kleidung und auch ein warmes Essen, das oft das einzige am Tag bleibt. Solche Institutionen sind aber von privaten Spenden abhängig. Es ist eine Schande für unser Land, dass es Kinderarmut in dieser Form gibt.

Zur Bekämpfung der Zentrifugalkraft des Zinseszinses gibt es meiner Meinung nach mehrere Möglichkeiten:

1. Unser Bildungssystem muss weiter ausgebaut und dabei die Chancengleichheit für sozial Benachteiligte erheblich verbessert werden. Die OECD lobt zwar Deutschland in ihrem jährlichen Bildungsbericht (aber sehr dezent) und schreibt, dass die Deutschen ihre Bildungspolitik in den letzten Jahren verbessert hätten. Aber bei der Herstellung von Chancengleichheit von Schülern ist noch sehr viel zu tun. Die Aufstiegsmöglichkeiten sozial benachteiligter Schüler in unserem Land sind im internationalen Vergleich weiterhin unterdurchschnittlich. Bessere Ausbildung bedeutet aber bessere Berufschancen – und damit auch bessere Bezahlung. Das geht einher mit besserer Altersversorgung als Schutz vor Altersarmut. In diesen Kreislauf muss Deutschland einsteigen und investieren.

2. Eine effiziente Arbeitsmarktpolitik, so zeigen alle Studien, würde die Ungleichheit weiter verringern. Ob der eingeführte Mindestlohn dafür taugt, bleibt abzuwarten. Ist er zu hoch, führt er zu Arbeitslosigkeit, was den Effekt wieder auffressen kann. Sozial ist, was lohnende Arbeit schafft.

3. Die Integration von Immigranten in den Arbeitsmarkt sowie weitere Einwanderung können für mehr Gleichheit sorgen.

Deutschland hat es angesichts seiner alternden Bevölkerung dringend nötig, viel mehr qualifizierte Arbeitnehmer aus dem Ausland anzuwerben und zu integrieren, um auch künftig Beschäftigung und Wirtschaftswachstum zu sichern. Ein Einwanderungsgesetz ist längst überfällig.

4. In vielen Ländern verläuft der Einkommensteuertarif steigend – wer mehr hat, muss im Verhältnis zum Einkommen auch mehr zahlen. Das ist gerecht. Dies gilt auch und besonders für Deutschland. Bei direkten Steuern ist Deutschland aber bereits an eine Grenze gelangt. Fast die Hälfte der Bürger unseres Landes zahlt gar keine Einkommensteuer, während die oberen 30 Prozent der Einkommen 80 Prozent der Einkommensteuer aufbringen müssen. Die oberen zehn Prozent zahlen sogar die Hälfte der gesamten Einkommensteuer. Leistung und Arbeit müssen aber belohnt werden. Deshalb sollte meines Erachtens Kapital verstärkt besteuert werden. Das gilt für Konsumsteuern auf Luxusartikel und Steuern auf Grund und Boden – hier gibt es diesen steigenden Verlauf zumeist nicht. Wer mehr hat, zahlt relativ gesehen weniger. Die relativ niedrigen Steuern auf Kapitaleinkommen für Höchstverdiener könnte man darum überdenken, um gleichzeitig bei der Einkommensteuer vor allem den Mittelstand zu entlasten. Laut OECD könnten die Staaten insbesondere dort ansetzen, ohne ihr Wachstum zu gefährden. Dies wäre auch für Deutschland ein Weg.

5. Die stärkste Waffe, um die systembedingte Umverteilung von Arm zu Reich zu verlangsamen, wäre, die Bevölkerung viel stärker als bisher am Kapital zu beteiligen. Es gab in Deutschland zu Beginn meiner Börsenzeit eine Förderung von Aktienbesitz durch die steuerliche Begünstigung von Belegschaftsaktien. Ein Mitarbeiter von Daimler-Benz beispielsweise hatte damit die

Möglichkeit – unterstützt durch steuerliche Anreizprogramme –, sich am Vermögen des Unternehmens zu beteiligen. Wie wir gesehen haben, ist die Verzinsung des Kapitals ein wesentlicher Vorzug für die vermögende Minderheit in einer Volkswirtschaft. Nach der Finanzkrise von 2007 hat sich diese Entwicklung noch verstärkt. Was wir deshalb erreichen müssen, ist, vermehrt Arbeitnehmer über den Besitz von Aktien am Kapital zu beteiligen. Da vielen Menschen am Ende des Monats nichts mehr von ihrem Nettoeinkommen bleibt, um die eigene Sicherheit und Vorsorge zu garantieren, ist es die Aufgabe des Staates, der breiten Bevölkerung durch finanzielle Anreize den Zugang zu den Kapitalmärkten zu ermöglichen. Dies nutzt nicht nur dem Einzelnen, es stärkt die Gesellschaft und letztlich das Vertrauen in unser Wirtschafts- und Finanzsystem.

WARUM IST ES SO WICHTIG, DIE EFFEKTE DER ZENTRIFUGE ZU BEKÄMPFEN?

Ich habe mit diesem Buch versucht, Ihnen das Innenleben der Börse und der internationalen Aktienmärkte näherzubringen – verbunden mit Kniffen und Tricks, wie man ein erfolgreicher Anleger wird und sein eingesetztes Kapital vermehrt. Doch ich habe Sie auch darauf aufmerksam gemacht, dass Sie immer das große Ganze im Auge behalten müssen. Wenn wir in Deutschland – im Moment immer noch das erfolgreichste Land Europas, aber keine Insel der Seligen – dauerhaft den Wohlstand erhalten und die sozialen Verhältnisse stabil halten wollen, dann müssen wir die Mehrheit der Bevölkerung am Wohlstand beteiligen.

KAPITEL 12

FRÜHER WAR ALLES BESSER

„Dass früher alles besser war, das sagt man nicht nur heute. Das sagte man auch schon früher."

Ernst Ferstl (Schriftsteller)

„Früher war alles besser!" – ein fast unausrottbares Sprichwort. Auch an der Börse in Frankfurt kann man es immer wieder an jeder Ecke hören, meist mit dem Zusatz: „Früher machte die Börse mehr Spaß." War das wirklich so? Ja, das mag stimmen, wenn man Börsianer war. Warum? Die Arbeitszeiten waren vor 25 Jahren deutlich kürzer. Anstatt wie heute zehn bis zwölf Stunden werkelten damals viele Börsianer nur vier bis fünf Stunden. Man konnte damals locker auf sein erstes Bier ab 14 Uhr – und auch noch auf Firmenkosten – hinarbeiten. Die Börsenkurse wurden damals, vor den Augen der Öffentlichkeit verborgen, in sogenannten „Kursbüchern" ausgerechnet. Eine gewisse Qualitätssicherung oder gar überprüfbare Qualitätsstandards der Börse für die Bearbeitung von Kundenorders gab es nicht. Niemand konnte überprüfen, ob im Börsenhandel alles mit rechten Dingen zuging. Der Anlegerschutz steckte noch in den Kinderschuhen. Der durchschnittliche Verdienst eines Börsenhändlers jener Tage lag sicher unter den heutigen Bezügen, aber dafür müssen die Börsianer heute mehr als doppelt so viel arbeiten. Einige Kritiker, die des Hessischen und damit der Frankfurter Börsensprache mächtig sind, werden jetzt sagen: „Na, was abbeide diese Väbräschä denn heut schon? Die sitze dort herum un ziehe de brave Anleger es Fell über die Ohren!" Sorry, liebe Kritiker, dem ist nicht so. Der Job ist anstrengend, nervenaufreibend und verantwortungsvoll. Viele Parkett-Spezialisten, wie die Börsianer mittlerweile offiziell bezeichnet werden, bieten eine gute Dienstleistung für Anleger. Und der gesamte Dienstleistungssektor verantwortet heute mehr als die Hälfte der Wirtschaftsleistung in Deutschland. Aufgrund der hohen beruflichen Anforderungen scheiden viele vor ihrem 50. Geburtstag aus dem Job aus. Und was das „Übers-Ohr-

Hauen" von Kunden betrifft: Hier gibt es seit Jahrzehnten Dutzende von Verordnungen und Gesetzen, die dem Handeln der Parkett-Spezialisten an der Frankfurter Börse recht enge Grenzen setzen. Eine eigens dafür installierte Handelsüberwachung schaut den Börsenbrokern penibel auf die Finger. Jedes Vergehen gegen Börsenordnung und Regelwerk wird geahndet. Anlegerinteressen stehen in Frankfurt im Vordergrund – übrigens im Gegensatz zu anderen Börsenplattformen in Deutschland, wo dies keineswegs immer der Fall ist. Unsere Bundeshauptstadt Berlin lässt grüßen!

Früher, „in den guten, alten Zeiten", konnten sich Anleger in Frankfurt allerdings nicht so gut behandelt fühlen. Denn bis in die beginnenden 1990er-Jahre gab es dort keine Regeln oder gar Gesetze für den Anlegerschutz. Nicht einmal eine sogenannte „Insiderregel" war in Kraft. Das hieß konkret, dass Börsianer in jenen Tagen den „zweiten Kurs" vor dem „ersten Kurs" feststellten. Anders gesagt: Börsenhändler durften in einer gesetzlichen Grauzone – und deshalb ungestraft – zuerst für sich privat Aktien kaufen, bevor sie die Orders der Kunden an die Maklerschranken brachten. Um es noch konkreter zu machen: Ein Börsianer, also ein Insider, kaufte seine Aktien morgens billig in dem Wissen, dass mit den Kundenorders die Nachfrage im Markt steigen würde. Das ließ den Kurs der Aktie in die Höhe schnellen und der Bankhändler verkaufte dann seine Aktien zum höheren Preis. Ergo: Gewinne ohne Risiko! Ein Kunststück – oder eine Geschäftemacherei? Sofern die Gewinne anschließend bei der Steuererklärung angegeben wurden, war dies juristisch nicht angreifbar. Aber das taten nicht alle, was ihnen ab dem Jahr 1991 zum Verhängnis wurde. Denn ein Skandal sorgte für öffentliche Empörung und führte zur Einführung erster Gesetze gegen Insiderhandel und Vorteilsnahme an der Börse. Dies war das Ende der „guten, alten Zeit".

Auf den letzten 200 Seiten haben Sie viel über Strategien, Planungen und auch Warnungen gelesen. Ich habe Ihnen auch von kurz-, mittel- und langfristigen Anlagehorizonten berichtet und welche Bedeutung ihnen zukommt. Ich habe aber auch verdeutlicht: Je länger Sie Ihr Kapital anlegen wollen, desto höher darf auch das Risiko werden – und umgekehrt. Auf Anweisungen zum „Zocken" habe ich ganz bewusst verzichtet. Warum? Denn dies ist immer die erste Frage, die ich von Interessierten gestellt bekomme: „Wie werde ich an der Börse möglichst schnell möglichst reich?" Meine Antwort ist immer dieselbe: „Sie fragen, wie Sie an der Börse schnell ein kleines Vermögen machen? Indem Sie zuvor mit einem großen Vermögen angefangen haben!" Ich habe in meinen über 25 Berufsjahren an der Börse Hunderte von „Drahtseilakrobaten" kennengelernt, Jungs, die wussten, wie Börse geht. Viele dieser Börsenprofis spielten immer mit höchsten Einsätzen und investierten mit geliehenem Geld in Aktien, Optionen, Zertifikate. Einige von diesen meist recht jungen Männern wurden sogar in guten Phasen steinreich. Aber: Ich kenne persönlich keinen einzigen Fall, bei dem einer dieser Jungs langfristig sein Vermögen auch behalten konnte. Es wurde verprasst, verzockt oder durch die Steuerfahndung – mehr oder weniger – liebevoll zurückerbeten. Einer meiner „liebsten Kollegen" war im Börsenboom von 1998 bis 2000 dabei. Er verdiente in zwei Jahren genug, um sich zur Ruhe setzen zu können. Aber er blieb – und verlor sein Vermögen genauso schnell wieder. In der Dotcom-Blase mit dem „Neuen Markt" wurden kleine Pommesbuden mit fünf Mann Besatzung teilweise genauso teuer an der Börse gehandelt wie Siemens oder Daimler. Man konnte in jenen Jahren vor der Jahrtausendwende mit wenig Aufwand und Risiko 1.000 oder 2.000 Prozent an der Börse gewinnen! Aber der „Neue Markt" war meinem „lieben Kollegen" nach einiger Zeit zu langweilig geworden. Deshalb suchte er sich einen neuen Spielplatz: Er investierte in den „Grauen Markt". Schon einmal davon gehört? Nein? Kein Wunder! Dieses Marktsegment, in dem Aktien vor dem Börsengang gehandelt wurden, ging unter, bevor es vom Stapel gelassen worden war.

Darum wurde er alsbald intern in den „Jüngsten Markt“ umbenannt – in Anlehnung an den „Jüngsten Tag“, wenn alles zu Ende geht. Es war eine Art Schwarzmarkt, an dem Unternehmen inoffiziell gehandelt wurden, Unternehmen, die einen Börsengang vorbereiteten, aber noch nicht mal einen Fuß in der Börsentür hatten. Verantwortlich dafür war ein einzelner Börsianer, der sich um diesen Markt kümmerte. So kam es, dass mein Zockerkollege bei „Abacus“ investierte, einem österreichischen Mini-Internet-Unternehmen, das seinen Börsengang plante. Leider kam es dazu, dass der für den Handel verantwortliche Börsianer plötzlich verstarb und damit der Handel dieser Aktien in sich zusammenbrach. Kein Händler, kein Markt, kein Verkauf der bereits erworbenen Aktien meines Kollegen! Völlig verzweifelt wollte er nun retten, was zu retten war, indem er versuchte, jenen ominösen „Konzern“ zu kontaktieren, und hoffte, einen Käufer für seine Beteiligung an dem Unternehmen zu finden. Über das Internet erhielt er eine Telefonnummer. Nach etlichen Versuchen, die sich über Wochen hinzogen, erreichte er schließlich und endlich jemanden auf einem Mobiltelefon. Am Apparat war überraschenderweise der Vorstandsvorsitzende des Unternehmens, offenbar vereint in Personalunion mit der Vorzimmerdame und dem Callcenter. Mit den Worten „Was wollen Sie?“ begrüßte der „Erfolgsmanager“ seinen unbekannten Großaktionär von der Frankfurter Wertpapierbörse – am achten Loch eines Golfplatzes weilend. Die Lacher der Kollegen höre ich heute noch in meinen Ohren. Das Unternehmen erwies sich als schlimmste Form einer Klitsche und musste trotz der guten Beziehungen zwischen dem Chef des Konzerns und seinem Hauptaktionär von diesem mit „null“ ausgebucht werden. Totalverlust des eingesetzten Kapitals bedeutet das! Und von diesen Geschichten gibt es Hunderte.

Fehler zu machen ist keine Schande. Aus Fehlern nicht zu lernen ist meiner Auffassung nach dagegen eine. Müssen Sie aber deshalb auf eigene Fehler warten? Müssen Sie erst Geld an der Börse verlieren, bevor Sie an der Börse Erfolg haben können? Ein klares „Jein" ist die Antwort! Niederlagen gehören zwar zum Leben dazu, aber wer sagt denn, dass wir aus unseren eigenen Fehlern lernen müssen? Ich habe viele Spieler an der Börse kennengelernt, die allesamt auf die Nase fielen und ihr Leben verbockten und verzockten – früher oder später. Zocken zahlt sich nicht aus – weshalb es auch in meinem Buch keine Rolle spielt! Hier geht es um planvolles Handeln für den eigenen Vermögensaufbau. Und den kann jeder lernen. Außerdem macht es viel mehr Spaß, von den Fehlern anderer zu profitieren. Das habe ich getan und meine Erfahrungen daraus in diesem Buch zusammengefasst.

Meine Routine als Broker basiert auf dem Willen, zu lernen und immer zu trainieren. Trainieren? Sie haben richtig gelesen. Das Berufsleben ist ein permanenter Trainingsprozess, ohne den Topleistungen unmöglich sind. Als ehemaliger Fußballprofi weiß ich, dass es niemals einen Zeitpunkt geben kann, an dem man zu sich selbst sagt: „Jetzt bist du perfekt!" Franz Beckenbauer, der Kaiser, hat es auf den Punkt gebracht: „Wer glaubt, Leistung ohne tägliche Aktivitäten und ohne das ständige Trainieren von Standards konservieren oder gar steigern zu können, der irrt. Der befindet sich ganz schnell auf dem Weg in den Abstiegskampf." Auf das Börsengeschäft übertragen heißt das: Bauen Sie auf Ihr Wissen, Ihr Talent und Ihre Intuition, indem Sie diese „Heilige Dreifaltigkeit" ständig überprüfen und ausbauen. Und: Bleiben Sie neugierig und beobachten Sie neue Trends, prüfen Sie andere Meinungen auf ihre Tauglichkeit – aber heulen Sie niemals mit den Wölfen und rennen Sie nicht mit der Schafherde mit! Spätestens der Irrsinn des „Neuen Marktes" mit seiner Dotcom-Blase sollte jedem Börsianer – ob Profi oder Einsteiger – eine Warnung gewesen sein, wohin Exzesse immer führen werden: in den Größenwahn und in die Abgehobenheit von der Realität. In den Glauben, wenn man mal ein paar Euro im Aktiengeschäft verdient hat, dann könne man ab sofort über das Wasser wandeln! Denn – uralte Börsianer-Weisheit (leider von manchem Börsianer vergessen): Gier frisst Hirn!

Damit Ihnen das nicht passiert, folgen nun neun Tipps für Sie, die die Essenz der zurückliegenden Kapitel auf den Punkt bringen.

1. Wenn Sie an der Börse investieren wollen, dann beachten Sie für sich (also ganz individuell) drei grundlegende Faktoren: *Zeit – Kapital – Risiko*! Um beim lieben Geld, also dem Kapital, zu beginnen: Kaufen Sie niemals Aktien oder Wertpapiere auf Pump! Jedes Börsengeschäft braucht Rücklagen und frei verfügbares Kapital. Schulden zu machen ist der schlechteste Weg! Überlegen Sie genau, ob Sie kurzfristig, mittelfristig oder langfristig investieren wollen (und können!). Daraus folgt die Faustregel: Je langfristiger Sie es sich leisten können, in Aktien oder Anleihen zu investieren, desto mehr lohnt es sich, ins Risiko zu gehen, desto größer sind Ihre Renditechancen. Umgekehrt: Hände weg von Risikogeschäften bei wenig Zeit!

2. Glauben Sie keinem selbst ernannten Börsenprofi, der den ultimativen Geheimtipp – und den ausgerechnet für Sie! – parat hat (oder Ihnen einen solchen mit den tollsten Renditeerwartungen andrehen will). Nutzen Sie Ihren gesunden Menschenverstand: Wäre dieser „Superdeal" wirklich so sensationell – warum sollte ein „Börsenprofi" damit ausgerechnet auf Sie zukommen? Warum hat er den Deal mit den Superrenditen nicht längst selbst gemacht? Glauben Sie bei Geld- und Anlagegeschäften niemals an Nächstenliebe – Sie sind nicht Mutter Teresa!

3. Es gibt fünf wichtige Klassen, wie und wo Sie Ihr Geld anlegen können: *Bargeld und Spargeld, festverzinsliche Wertpapiere (Renten), Immobilien, Aktien, Derivate (Wetten auf Zinsen, Rohstoffe*

et cetera). Überlegen Sie genau, ob Sie sich nur für eine Anlageform entscheiden oder ob Sie eine Mischform wählen. Meine Tops und Flops habe ich Ihnen in Kapitel 5 („Wo können Sie Ihr Geld anlegen?") als Essenz meiner langjährigen Berufspraxis dargelegt. Wählen Sie für sich aus, was Ihnen sinnvoll erscheint – aber wählen Sie nur Investments für sich aus, die Sie auch verstehen!

4. Politische Börsen haben kurze Beine! Ob regionale Kriege, Krisen oder überraschende Wahlergebnisse: Die Börse kann darauf – teilweise stark – reagieren. Was Sie dagegen brauchen, ist Geduld – und niemals Panik! Ebenso wie Gewitter kommen und gehen, verhält es sich auch bei Aktienkursen. Meine Erfahrungen haben mich gelehrt, dass politisch bedingte Kursbewegungen selten langfristigen Charakter haben.

5. Seien Sie zutiefst misstrauisch gegen Zusammenbruchstheorien aller Art! Bei aller (und zum Teil auch berechtigten) Kritik: Der Kapitalismus ist äußerst widerstandsfähig und erstaunlich regenerationsfähig. Wenn Sie sich die Geschichte der Börse seit fast fünf Jahrhunderten vor Augen halten, können Sie sehen, wie gut eine richtige Idee bis heute funktioniert hat. Dem DAX wurde noch vor wenigen Jahren der Totalabsturz unter 1.000 Punkte prophezeit. Und wo steht er im ersten Vierteljahr 2015? Im fünfstelligen Bereich bei über 11.000 Punkten – unverhofft kommt oft!

6. Bei aller Skepsis gegenüber Statistiken, die Sie nicht selbst gefälscht haben: Eine Hausse an der Börse dauert dreimal länger als eine Baisse. Vergeuden Sie deshalb Ihre Zeit nicht mit Timing, sondern seien Sie erst geduldig und werden Sie dann mutig: Kaufen Sie am Ende eines Abschwungs. Das heißt weiter: Keine

Angst vor dem Crash – vorausgesetzt Sie haben Geduld, Disziplin und gute Nerven! Die eigentlichen Gewinne macht man beim Kauf von Aktien, nicht beim Verkauf. Und während die Schafherde nervöser Anleger in der Baisse die Flucht ergreift, warten Sie ab und schlagen noch vor dem kommenden Aufschwung zu! Denn: Auf die Baisse folgt die Hausse – ganz sicher!

7. Wenn Sie auf Aktien setzen und dafür auch das nötige Kleingeld haben (alter Spruch von mir: „Ohne Moos nix los!"), dann legen Sie sich – wie ein Fußballtrainer – einen Matchplan zu. Heißt: Wählen Sie die für Sie ganz persönlich vertrauenswürdigste Strategie. Für Einsteiger empfehle ich die konservative Vermögens-Strategie (Value), die als langfristige Anlage eine gute Bank ist. Oder wie André Kostolany sagt: „Aktien kaufen, schlafen legen und nach 20 Jahren wieder verkaufen!" Warren Buffett – ein anderer Finanzprofi – empfiehlt ebenfalls die Value-Strategie (siehe Kapitel 8), die langfristig als die effizienteste Anlagestrategie gilt. Mit dem Kauf macht man den Gewinn – weshalb ich der antizyklischen Strategie anhänge und persönlich Aktien favorisiere, die antizyklisch zu kaufen sind. Setzen Sie also auf Aktien gebeutelter Konzerne, die genug Substanz haben, um aus ihrer Krise gestärkt hervorzugehen.

8. Nicht immer sind Unternehmen, deren Kurse im Keller gelandet sind, die großen Hoffnungsschimmer der Zukunft. Um dies analysieren zu können, lohnt es sich, Zeitungen zu lesen und die internationale Finanzwelt zu beobachten. Aus diesem Grund warne ich davor, in der jetzigen Situation als Investor bei Banken einzusteigen. Solange das Damoklesschwert noch über diese Branche hängt, machen Käufe keinen Sinn. Nicht nur deshalb, weil die internationale Bankenwelt – von den USA bis nach Deutschland – zu den wesentlichen (aber nicht den alleinigen!)

Verursachern der „Mutter aller Krisen" in den Jahren 2007/2008 gehörte und jetzt von verärgerten Regierungen, die mit Steuergeldern und staatlichen Bürgschaften den Totalbankrott abwendeten, gesetzlich reglementiert und überwacht werden. Nein, vor allem deshalb, weil auf viele Banken enorme Schadenersatzforderungen für den Verkauf von Ramschanleihen zukommen. In den USA bewegen sich diese Forderungen im Milliardenbereich. Europa, inklusive Deutschland, wird folgen.

9. Soll man in Gold investieren, also in Barren oder Münzen, die keine Wertzuwächse versprechen und die man gut verstecken muss (vor dem Staat und vor Dieben!)? Meine Meinung: Gold ist eine eigene Währung – und älter als Papiergeld. Geld ist bunt bedrucktes Papier, das kommt und geht. Inflationen und Staatsbankrotte haben in vielen Jahrhunderten das Papiergeld immer wieder wertlos gemacht. Gold dagegen ist treu – es bleibt. Damit werden Sie immer einkaufen können, egal welche Währung Ihr Land hat (Gulden, Dollar, Pfund). Wenn Sie es sich leisten können, dann kaufen Sie Gold, aber nicht über Fonds, sondern anonym, und lagern Sie es im Safe. Sie sollten nicht mehr als 20 Prozent Ihres Kapitals in Gold investieren, weil das Edelmetall keine Rendite abwirft – dafür aber als persönliche Sicherheit gut geeignet ist. Gold dient als Notgroschen und ist eine sehr gute Alternative zu Psychotherapeuten, Beruhigungspillen und Schlafmitteln!

KAPITEL 13

EIN AUSBLICK: WAS UNSERE WELT AUS DEN ANGELN HEBEN KÖNNTE

Unser Wirtschaftssystem ist 2008 gerade noch so „dem Deivel von de Schipp gesprunge" (spätestens jetzt würde sich ein Hessisch-Kurs anbieten). Die „Mutter aller Krisen" hatte den Kapitalismus an den Rand des Zusammenbruchs gebracht. Haben wir daraus die richtigen Lehren gezogen? Die Gefahren für die Welt, wie wir sie kennen, sind bedrohlich angewachsen. Denn die Menschheit und vor allem ihre Eliten, beide haben nichts aus der Krise gelernt. Durch die dramatischen Folgen der Finanzkrise kurz als „Brüder im Geiste" vereint, zerstritten sich die politischen Führer der G20-Staaten bereits wieder, kaum dass die Krise ihren Höhepunkt überschritten hatte. Viel politische Aufräumarbeit, die erledigt werden müsste, ist bis heute unerledigt geblieben. Die „drei Affen" haben sich zurückgemeldet.

SCHATTENBANKEN – EINE BLACKBOX BEDROHT DIE WELT

Mit 75,2 Billionen US-Dollar umfasst das Schattenreich der Schattenbanken heute ein gutes Viertel der gesamten Vermögenswerte des Weltfinanzsystems (Quelle: *Financial Stability Board 2013*). 2001 waren es nur 26 Billionen US-Dollar.

Was sind Schattenbanken? Es sind Unternehmen (Geldmarktfonds, Hedgefonds, Zweckgesellschaften) in Steueroasen, die bankähnliche Geschäfte durchführen, ohne regulär Banken zu sein. Damit sind sie nicht den strengeren Regeln für Banken unterworfen. Warum werden sie dann Banken genannt? Weil sie regulären Banken und Versicherern hauptsächlich in Europa, China und den USA gehören, aber nationale Regeln und Gesetze für Banken umgehen. Weshalb die Bezeichnung „Schattenbanken"? Weil klammheimlich und im großen Stil Finanzgeschäfte unter anderem im Derivatemarkt (dem großen Wettmarkt) über diese „Banken" laufen. Oft sind es exklusive Deals zwischen zwei Parteien außerhalb der Börse – und kein Außenstehender erfährt davon. Ohne staatliche Aufsicht und Kontrolle türmen sich diese (Schatten-)Geschäfte immer höher auf, bis im Falle einer Krise eine Lawine losgetreten wird. Dann gefährden diese Institute die regulären Banken und damit das gesamte Wirtschafts- und Finanzsystem.

Bei Pleiten dieser Schattenbanken wird uns das Gleiche wie 2008 und noch Schlimmeres drohen. Im Klartext: Die Steuerzahler müssten dann (wie bei der Bankenkrise vor nicht einmal zehn Jahren) die kriminellen Schattenbanken durch Kredite und Bürgschaften retten.

WAS WIRD POLITISCH DAGEGEN UNTERNOMMEN?

Nach den Verwerfungen der Finanzkrise waren die Regierungen der G20-Staaten zunächst bemüht, die Finanzwelt neu zu ordnen. Strengere Regeln für die internationalen Märkte standen dabei an erster Stelle. Doch nur Banken und Börsen waren im Fokus der Neuordnung. Härtere Anforderungen und Regeln für Banken wie mehr Eigenkapital und erhöhte Risikovorsorge sollten einen besseren Schutz vor Pleiten gewährleisten. Kleine Anmerkung am Rande: Eine Vollkaskoversicherung für Bürger gegen Krisen und Bankenpleiten gibt es nicht, auch wenn uns das fast alle Politiker immer wieder weismachen wollen. Dies ist allein schon deshalb unrichtig, weil die Politik bei dem Versuch versagte, sämtliche Bereiche der Finanzmärkte zu zähmen. Der Derivatemarkt, der Superbowl aller Zocker, blieb fast unangetastet.

Ein „Schlupfloch" gegen härtere Regeln war schnell gefunden: Unternehmensgründungen in Steueroasen. Dort wird unkontrolliert und ungeprüft mit Billionen von US-Dollar spekuliert. Und: Es sind dieselben Verdächtigen, mit denen wir bereits in der letzten Finanzkrise unliebsame Bekanntschaft gemacht haben: Hedgefonds, Private-Equity-Firmen und Zweckgesellschaften in Steueroasen gefährden erneut die Stabilität unseres Systems.

In Zahlen heißt das: Allein in den USA sind die Schulden der „Schattenbanken"-Kredite, die teilweise von regulären Banken stammen, bis 2013 auf rund 14,5 Billionen US-Dollar angewachsen (Quelle: *Federal Reserve Bank of New York 2014*). Das entsprach in etwa der damaligen Gesamtverschuldung der USA. Die Schulden des regulären Bankensektors betragen dagegen circa 17 Billionen US-Dollar (Quelle: *Federal Reserve Bank of New York 2014*). Man stelle sich vor, nur wenige dieser Finanzgebilde aus dem „Schattenreich" gerieten in eine schwere finanzielle Schieflage und wären zahlungsunfähig! Welche katastrophale Folgen das für die Börsen und die Weltwirtschaft hätte, können Sie sich ausmalen. Bekannt sind diese Fakten selbstverständlich auch der Politik. Doch passiert ist nichts. Warum? Die wirtschaftliche Abhängigkeit einiger Staaten vom Schattenbankensektor ist so groß, dass viele dieser Staaten bisher kein ernsthaftes Interesse daran gezeigt haben, diesen Sumpf trockenzulegen.

Es ist an der Zeit, dass Hedgefonds, Zweckgesellschaften und der Derivatemarkt (mit einem Volumen von 600 Billionen US-Dollar) kontrolliert und an die Leine genommen werden. Wenn die Politik diese Regulierung nicht per Gesetz und mit exekutiver Überwachung durchsetzt, dann wird die Rechnung einiger Finanzhaie – die jenseits jeglicher Ethik und Moral handeln und spekulieren – erneut aufgehen. Und wie immer in der Geschichte: Die Rechnung wird der normale Steuerzahler begleichen müssen.

PLATZT DIE SPEKULATIONSBLASE?

Während fast die ganze Welt die Spekulationsblase der Industriestaaten an den Börsen als Hauptrisiko für die Stabilität ausmacht, wächst im Hintergrund seit Jahren – relativ unbeachtet – ein Monster heran, das unser Wirtschafts- und Finanzsystem ins Chaos stürzen könnte: die Immobilien-Preisblasen in den Schwellenländern.

Die Situation in China, Indien und Brasilien ähnelt der von Griechenland oder Irland im Jahr 2005. Damals warnte der Internationale Währungsfonds erfolglos vor den entstehenden Preisblasen in den Schwellenländern: „Es drohen in China, Indien und Brasilien Finanzblasen bei Immobilien wie in Irland und Spanien." Auch die Bank für Internationalen Zahlungsausgleich (BIZ) warnte vor einer Finanzkrise in den Schwellenländern: „Es droht ein erneuter schadenverursachender Finanzzyklus!" Die BIZ ist eine Finanzorganisation, die Teile der Weltwährungsreserven verwaltet und als oberste Zentralbank gilt. Die Abwehrstrategien gründen auf der Annahme, dass die Wiederherstellung der Finanzstabilität „nur" eines Abbaus der Schulden in der Eurozone, den USA und Japan bedürfe. Doch das Hauptinstrument, das genutzt wird (niedrige Zinsen), um die Wirtschaft der OECD-Staaten zu stützen, schadet auf der anderen Seite den Schwellenländern.

Geld verhält sich wie eine Biene. Es fliegt von Blüte zu Blüte auf der Suche nach dem süßesten Nektar. Dieser Nektar heißt Rendite. Die Politik des billigen Geldes durch niedrige Zinsen sorgt für ein Anwachsen der internationalen Kapitalströme in die Schwellenländer. Diese Kapitalströme sind Gelder, die zu Investitionszwecken von einem Land in ein anderes Land (oder einen anderen Markt) transferiert werden, weil dort mehr Geld zu verdienen ist. Nach Schätzungen erwartete man für das Jahr 2014 einen Kapitalzufluss aus den Industrieländern in die Schwellenländer von deutlich über einer Billion US-Dollar. Doch wohin fließt das Geld in China, Brasilien und Indien?

Wie schon in den westlichen Industriestaaten geschehen: in Immobilien. Im Immobilienboom der letzten Jahre stiegen die Preise in vielen Schwellenländern in vergleichbarer Geschwindigkeit wie in westlichen Volkswirtschaften vor der Finanzkrise. Die Preiskurve für Häuser ist völlig übertrieben zur Wirtschaftsentwicklung des jeweiligen Landes verlaufen. Zweistellige prozentuale Preisanstiege innerhalb eines Monats sind üblich. Durch billige Kredite ausländischen Geldes schnellen die Preise rapide in die Höhe – und ziehen weitere Spekulanten an. Die Preise koppeln sich dadurch von der realen Nachfrage ab. Allein in China explodierten die Preise in den Städten seit 2008 um 60 Prozent, in Metropolen wie Schanghai und Shenzhen noch stärker. Auch in China haben Schattenbanken ihre Hände im Spiel. Ein Drittel aller Kredite wird von Schattenbanken vergeben. Dieser Boom geht so lange gut, bis irgendwann das frische Kapital einmal ausbleibt, was einem Kollaps immer vorausgeht. Die ausländischen Spekulanten verlassen dann – wie üblich – das sinkende Schiff. Die Folgen: Die Preise stürzen ab, Kredite werden nicht getilgt, Banken gehen pleite und der kollabierende Markt hinterlässt bei Privathaushalten eine Spur der Verwüstung. Finanziert wird die Blase aktuell noch mit günstigen Auslandskrediten. Das Kreditvolumen in den Schwellenländern stieg innerhalb von vier Jahren durchschnittlich um 20 Prozent – teilweise mehr als in Irland oder Spanien. Dieses Wachstum rührt daher, dass Kredite in einer wirtschaftlichen Boomphase deutlich öfter vergeben werden als in einer lauen Wachstumsphase. Wenn jetzt zusätzlich Kapital aus den Industrieländern in die Schwellenländer strömt, verstärkt das nochmals die Kreditvergabe in die boomenden Volkswirtschaften. Auch deutsche Banken sind dabei im Spiel. Laut BIZ belaufen sich die Forderungen deutscher Banken in China auf 32 Milliarden Euro. Dies deutet auf eine große Spekulationsblase hin, die möglicherweise ihren Höhepunkt zwar bereits hinter sich hat, die aber noch nicht geplatzt ist.

Die Gründe dafür sind vielfältig. Hauptsächlich beruhen sie auf der üblichen Unvernunft der Anleger. Geld fließt dorthin, wo es sich am schnellsten vermehrt. Wenn dies unkontrolliert geschieht, können sich Blasen entwickeln. Diese Blasen können platzen – mit unkontrollierbaren Auswirkungen auf die Wirtschafts- und Finanzwelt. Denn: Der Markt regelt es nicht! Und die Fehleinschätzungen des

Marktes haben Konsequenzen. Die Politik reagiert auf sie und verstärkt damit die Spirale. Die aufstrebenden Volkswirtschaften der Schwellenländer erhitzen sich auch deshalb so stark, weil die Industriestaaten mit einer Niedrigzinspolitik gegen ihre heimischen Krisen kämpfen. Dadurch flüchtet Kapital in den Fernen Osten. Angesichts dieser Bedrohung ist es verständlich, wenn Länder, wie zum Beispiel Brasilien, Blockaden gegen ausländische Kapitalströme errichten. Mit Kapitalverkehrskontrollen schützen sie so nicht nur sich selbst, sondern sie begrenzen damit auch das Anwachsen der Blase und leisten einen Beitrag zur Stabilität des Finanzsystems. Zinserhöhungen im Westen wären ein weiteres Mittel zur Eindämmung der Geldflut. Aber dieser Schritt durch die Zinsschraube birgt das Risiko einer überschnellen Abkühlung der Märkte und der Konjunktur der Schwellenländer. Die BIZ sieht die Industrieländer in der Pflicht: Die Politik des billigen Geldes in den großen Volkswirtschaften verursacht in den Schwellenländern schwere Schäden. Das vergrößert das Risiko einer Blasenbildung.

WAS MUSS GETAN WERDEN?

Die Zinsen in den Industrieländern müssen langsam wieder steigen. In den USA wird das bald geschehen, während es in Europa und Japan noch dauern wird. Die Zinsen in Europa und Japan sind niedrig und werden es auch noch eine Weile bleiben. Deshalb müssen die Geldströme in die Schwellenländer zwischenzeitlich durch Regulierungen reduziert werden. Die Industriestaaten sind gefordert, sich real zu entschulden. Dann sähe die Welt anders aus. Aber hier regiert – wie so oft im realen Leben – der Konjunktiv: Man müsste, man könnte, man sollte – aber man tut es nicht! Die Staatsverschuldung in der OECD sinkt nur langsam. Eine einheitliche Regelung zur Kontrolle der internationalen Kapitalströme ist nicht in Sicht. Die wiederholten Bemühungen des IWF um eine solche internationale Regelung verliefen bislang im Sande. Das billige Geld wird weiterhin in die Schwellenländer fließen. Offenbar war der letzte Crash nicht dramatisch genug, um daraus die richtigen Schlussfolgerungen zu ziehen. Nicht nur die Schuldenkrise ist ein Risiko für unser System. Auch die Entwicklung der Spekulationsblasen in den Schwellenländern müssen wir im Auge haben. Wenn man bedenkt, welche Schockwellen der mögliche Kollaps von Griechenland und Portugal durch das Finanzsystem jagte, mag man sich nicht vorstellen, was erst passiert, wenn Riesen wanken.

Wir analysieren, was sich zusammenbraut. Aber unsere Leittiere, die „drei Affen", flüstern uns ein, am besten alles so laufen zu lassen wie bisher. Und das ist ein gravierender Fehler. Das erinnert mich an einen verurteilten Skandalbanker, der auf die Frage, weshalb er denn weitergemacht habe, obwohl er doch hätte wissen müssen, dass die Bombe bald platzt, antwortete: „Bei einem Fußballspiel weiß doch auch jeder, dass es nur 90 Minuten dauert, aber dennoch hört keiner vorher auf zu spielen!" Wir sind bereits in der Verlängerung des Spiels!

WELCHE KONSEQUENZEN MÜSSEN WIR AUS DIESEN BEDROHUNGEN ZIEHEN?

„Schneller – höher – weiter!", das ist das Motto westlicher Gesellschaften. Dieses Motto hat uns – und damit unser aller Leben – in den letzten Jahrzehnten immer mehr bestimmt. Unser Leben hat Fahrt aufgenommen. Überall und jederzeit wollen (oder müssen) wir mobil erreichbar und allzeit informiert sein! Immer auf der Lauer nach dem schnellen Euro! In Zeiten, in denen das Fernsehen uns in 30-Sekunden-Spots die Welt erklärt, verwundert es nicht, dass unser Leben vom immer schnelleren Tanz um das Goldene Kalb geprägt ist. Zins und Zinseszins – und der ewige Wettlauf gegen den Rest der Welt! Meine Gegenfragen: Wann setzen wir uns selbst endlich ein Tempolimit? Wann wird unser Leben wieder entschleunigt? Oder warten wir darauf, bis der Krug, der zum Brunnen geht, bricht?

Wir müssen dringend eine Ethikdebatte führen! Wie lange können wir noch so weitermachen? Wie lange werden sich die Schwellenländer mit ihrer Außenseiterrolle zufrieden geben? Wie viele Jahre können die Industrieländer ihren Wohlstand noch auf den Rücken ärmerer, aber rohstoffreicher Länder aufbauen? Muss man Arbeitsverträge abschließen, in denen Manager ihre Millionenboni vorab garantiert bekommen, anstatt diese durch Leistung erarbeiten zu lassen und erst nach mehreren Jahren nachhaltigen Wachstums auszuzahlen? Müssen Unternehmen Dividende zahlen, auch wenn sie Milliardenverluste eingefahren haben? Müssen Manager börsennotierter Unternehmen wirklich einen Ausblick für die nächsten Monate geben, wodurch die Ausrichtung auf eine dauerhafte dynamische Entwicklung verloren geht? Diese und andere Fragen gilt es zu klären, damit Verwerfungen, wie wir sie erleben mussten, nicht mehr vorkommen.

„Auch aus Steinen, die einem in den Weg gelegt werden, lässt sich Schönes bauen", so Johann Wolfgang von Goethe. In diesem Sinne: Packen wir es an – mit Verstand und vor allem mit Nachhaltigkeit!

BILDER

Der 20-jährige Fußballprofi Oliver Roth im Trikot des Bundesligisten Borussia Dortmund, mit dem er 1989 DFB-Pokalsieger wurde.

Die Bronze-Skulpturen „Bulle & Bär" des Bildhauers Reinhard Dachlauer stehen seit 1988 auf dem Börsenplatz in Frankfurt. Der Bulle symbolisiert den Kursaufschwung, der Bär den Abschwung.

Ein historisches Foto der alten Frankfurter Börse aus dem Jahr 1989 mit Brokern – typisch: ohne Jackett und im weißen Hemd.

Der heutige umgebaute Handelssaal der Frankfurter Börse mit vielen digitalen Computer-Inseln, über die von Spezialisten die Orders verarbeitet und Preise berechnet werden.

Vom Fußballprofi zum Finanzexperten: Oliver Roth ist heute Chef des Aktienhandels am Frankfurter Parkett und Kapitalmarktstratege der Mittelstandsbank ODDO SEYDLER.

OLIVER ROTH ist ein ehemaliger Fußballprofi (Borussia Dortmund und Kickers Offenbach). Vor über 25 Jahren tauschte er den Trainingsanzug gegen den Businessanzug ein. Roth ist Kapitalmarktstratege der ODDO SEYDLER BANK AG. Er lebt in der Nähe von Frankfurt am Main.